5つの型に全集中！

仕事で使える英語音読

佐藤洋一
スティーブン・スモーリー
共著

コスモピア

はじめに

　これまで、私たち2人は、「手持ちの英語を上手に活用する」というコンセプトのもとでのビジネス英語トレーニング、または英語学習教材を多く手がけてきました。以前出版した『仕事で使える英文法』は、特にビジネスパーソンからの評判も良く、さらにはこの教材のコンセプトに基づいた大学の動画講義も作成されたほどの反響がありました。

　幸い、拙著を読んでくださった読者の方や、動画講義を視聴してくださった方の多くから、「わかりやすかった」、「実践的だった」という声をいただきました。続編を望む声も多く、その続編的な立ち位置となるのが本書です。今回は、ビジネスでの英語使用を題材とした、「英語音読」の例文集です。

　英語表現のバリエーションを広げるためには、音読がいいとよく言われます。多くの英語例文を実際に口に出して発音練習し、多くの例文を体に染み込ませておくことで、いざという時に使える表現が増えていきます。これは、著者（佐藤）の学習経験、並びに著者2人の指導経験に照らしても概ね正しいようです。

　本書のコンセプトは、「手持ちの英語」を活用して、『仕事で使える英文法』で学習の柱として取り上げた、文の根幹となる部分に、飾り付け（修飾）をしてみよう、ということです。

　日本語と英語の文法を比較した際、大きな違いとして、「言葉の並べ方（word order）」の違いと、「後置修飾（post-modification）」が挙げられます。英語は主語、動詞、目的語の並べ方によって意味が大きく変わってくる言語です。また、修飾対象となる要素（名詞や動詞、あるいは一文）に、後ろから飾りをつけるということも英語の特徴として挙げられるでしょう。

　主語＋動詞＋（名詞）の形を基本として、そこに＋αの要素をつなげて、表現のバリエーションを広げる練習をするのが本書の目的です。＋αのところに入るのが今回扱う「＋前置詞」、「＋不定詞」、「＋分詞」、「＋関係詞」、「＋接続詞」という5つの型です。

＋αの要素は、名詞のカタマリとなって文の骨格となることもあれば、文の飾り要素として名詞を後ろから修飾（後置修飾）したり、文全体を修飾して補足説明や付加情報を示すことができます。前作の『仕事で使える英文法』では文の骨格を整えるということに学習のフォーカスを合わせましたが、今回は前記の５つの型に全集中して、英語表現のバリエーションを広げることを学習の目的としています。本書では、デジタルコミュニケーションを意識した例文も多くそろえました。今日から使える即戦力になる英語表現を私たちと一緒に勉強していきましょう。

　近年、機械翻訳の発展もめざましく、自分で外国語を勉強して使わなくても、テクノロジーがすべて解決してくれる時代がいつかはやって来るのかもしれません。

　しかしながら、ビジネスコミュニケーションがヒト対ヒトの営みである限りは、努力して勉強し、自分の口で話す英語の価値そのものが失われることにはならないでしょう。また、機械翻訳が使われる時代だからこそ、本物のヒト対ヒトのコミュニケーション、特に事実上の国際共通言語である英語を使ったコミュニケーションにはさらに付加価値が高くなってきているという研究報告もあります。

　英語表現のバリエーションを広げて、ヒト対ヒトの、英語によるビジネスコミュニケーションをより一層楽しんでほしいと願ってやみません。

2021年11月吉日
佐藤洋一
スティーブン・スモーリー

目次

1の型　＋ 前置詞　　13

2の型　＋ 不定詞　　39

本書の構成と使い方

　主語＋動詞＋（名詞）＋α（5つの「型」）で構成された英文について、音読トレーニングを行いましょう。①まずは左ページの日本語を見て、英語を瞬時に思い浮かべる練習をしましょう。②右ページの英訳を確認したら、音声を聞きながらくり返し音読練習をすることができます。

1～5の「型」をさらにタイプ別に分類。文法構造が同じ英文が並んでいるので、くり返し音読するうちに自然と文法事項が身につきます。例文はすべてビジネス英文です。

右ページの英語の日本語訳が並んでいます。まず英語の骨格となる SV（主語＋動詞）を考え、その後で＋αの要素（＋前置詞、＋不定詞、＋分詞、＋関係詞、＋接続詞）を補足説明していくネイティヴ感覚を養いましょう。

日→英の英作文を作るためのヒントとなる用語集です。リモート会議などデジタルコミュニケーションに関連する単語も多く取り上げています。

1の型：＋前置詞 ｜ 01

① 私は IT 課で働いています。

② デイヴィッドは工業地区に住んでいる。

③ あの新しいインターン生はアカウンティングを専攻しています。

④ あのカフェテリアでランチにしましょう。

⑤ トムはアメリカでビジネスを勉強した。

⑥ 私は混雑している地域で運転するのが好きではない。

⑦ 多くの人が昔はこのオフィスでタバコを吸っていました。

⑧ 昔はオンラインの通信手段はなかったのです。

⑨ 節子は 2018 年にニューヨークを訪れました。

⑩ 20 世紀初頭は、遠方との通信は郵便にだけ頼り切っていたのです。

ヒント　①IT 課：IT department ／②工業地区：industrial district ／③～を専攻する：major in... ／⑥混雑している地域：congested areas ／⑦かつて～していた：used to... ／⑧通信手段：communication technology ／⑩遠方：long-distance. 郵便：postal mail. e-mail に対して普通郵便を指す言い方に、snail mail (s-mail) もある。

16

それぞれのページで学習する例文に共通する文法的なテーマや文の構造について解説しています。

　「主語＋動詞（＋目的語）」の形は、英文を構成する代表的なものと言えるでしょう。その後ろに置かれる「前置詞＋名詞」の要素は、文法的には必ず必要なものではなく、むしろ、修飾部と言われる、いわば飾りの要素です。ですが、この修飾部を上手に活用することで、表現できる英文のバリエーションは大幅に広がります。in は「時間」や「場所」を表すことのできる便利な前置詞です。

🔊 01

音読用音声のトラック番号です。

① I work in the IT department.

② David lives in the industrial district.

③ That new intern is majoring in accounting.

音読練習用の英文です。主語＋動詞＋（名詞）は黒字で、＋αの要素は青字で示し、文法構造が直感的につかみやすいように工夫しました。また、後置修飾される名詞には下線を引いてあります。

④ Let's grab lunch in the cafeteria.

⑤ Tom studied business in the U.S.

⑥ I don't like driving in congested areas.

⑦ Many people used to smoke in this office.

⑧ We didn't have online communication technology in the past.

⑨ Setsuko visited New York in 2018.

⑩ Long-distance communication relied solely on postal mail in the early part of the 20th century.

解説　①② 「IT 課で」「工業地区に」のように「場所」を表す in ／③ major in は熟語。in は専門の範囲を表すニュアンスがある／④⑦のように建物の中を表す場合、⑤⑥のように比較的ざっくりと空間を表したい場合にも in を用いる／⑧⑨⑩年月を表したい場合にも in を用いる

それぞれの例文に関するポイント解説です。

本書の構成と使い方

各「型」の解説

各章の冒頭で、主語＋動詞＋（名詞）の基本形に、＋αの要素（＋前置詞、＋不定詞、＋分詞、＋関係詞、＋接続詞）を加えた形に関する文法的な解説を行っています。

覚醒編

それまで音読練習してきた5つの「型」を復習し、さらに語彙力・表現力の強化を図るための「覚醒編」です。それまで音読してきた例文が再登場するか、あるいは形を変えて登場します。

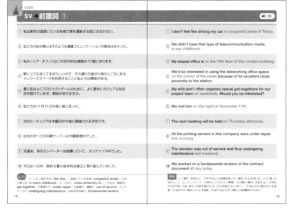

コラム

「分詞と動名詞の見分け方」、「関係代名詞と関係副詞の違い」など、学習者が誤りやすい文法の難所についてわかりやすく解説。

Column

条件法、仮定法過去、仮定法過去完了について

英語学習者にとって最も難しい文法項目はしてよく挙げられるのが、条件法、そして仮定法です。それらの言葉自体にははなじみがあるかもしれないという方も多いでしょう。何となく使ってみたこともあるが、いざ文法的に正しく使ってみようとすると、様々なハードルがあり難しいと感じるのかもしれません。仕事で使える英文法』では、この項目は後半で取り上げましたが、音読の際に気をつけておくべきポイントを整理してみたいと思います。

If it rains tomorrow, I will stay home all day.
（明日雨が降ったら、一日中家にいるつもりです）

If I were you, I would come with him to the reception.
（もし私があなただったら、彼と一緒に歓迎会に行くでしょう）

If I had had enough money, I could have bought the new laptop computer.
（もし十分お金があったら、その新しいノートパソコンを買っていたでしょうに）

最初の例文は条件文です。if節のなかの動詞には will はつかず、現在形となっていることに注意してくださいね。2つ目の例文は仮定法過去です。if のつかない（帰結節）のところを見ると、助動詞の過去形 would が使われていることがわかりますね。最後に3つ目の項目は仮定法過去完了です。if節には過去完了形が使われています。しかしながら、if のつかない方の助動詞 +have+ 動詞の過去分詞の形になっています。

条件、並びに仮定法の例文を音読する際のひとつは、それぞれの帰結の形に意識を全集中させておくことです。他の文法項目でも同じことが言えますが、ただ漫然としているだけでなく、今取り上げた複雑な語彙やフレーズを、ある程度の理解が必要となります。ただ読み流していても、なかなか意識を集中させることは定着しないので、意味を考えると同時に、どうしてここでこのような文法項目が使われているのかということを常に考えながら、全体の練習を続けていってほしいと思います。

音声を聞くには

[無料] 音声を聞く方法

音声をスマートフォンや PC で、簡単に
聞くことができます。

方法1 ストリーミング再生で聞く場合

面倒な手続きなしにストリーミング再生で聞くことができます。

※ストリーミング再生になりますので、通信制限などにご注意ください。
　また、インターネット環境がない状況でのオフライン再生はできません。

このサイトにアクセスするだけ！

https://bit.ly/3n3s4UU

① 上記サイトにアクセス！

② アプリを使う場合は
SoundCloud に
アカウント登録 (無料)

方法2 パソコンで音声ダウンロードする場合

パソコンで mp3 音声をダウンロードして、スマホなどに取り込むこと
も可能です。
(スマホなどへの取り込み方法はデバイスによって異なります)

① 下記のサイトにアクセス

**https://www.cosmopier.com/
download/4864541728**

② パスワードの【zenshuchu】を入力する

音声は PC の一括ダウンロード用圧縮ファイル (ZIP 形式) で、ご提供します。
解凍してお使いください。

電子版を使うには

電子版 無料

音声ダウンロード不要
ワンクリックで音声再生！

本書購入者は
無料でご使用いただけます！
音声付きで
本書がそのままスマホでも
読めます。

電子版ダウンロードには
クーポンコードが必要です

詳しい手順は下記をご覧ください。
右下の QR コードからもアクセスが
可能です。

電子版：無料引き換えコード
WWMA6

ブラウザベース（HTML5 形式）でご利用
いただけます。

★クラウドサーカス社 ActiBook電子書籍
　（音声付き）です。

●対応機種
・PC（Windows/Mac）　・iOS（iPhone/iPad）
・Android（タブレット、スマートフォン）

電子版ご利用の手順

❶コスモピア・オンラインショップにアクセス
　してください。（無料ですが、会員登録が必要です）
https://www.cosmopier.net/

❷ログイン後、カテゴリ「電子版」のサブカテゴリ「書籍」をクリックして
　ください。

❸本書のタイトルをクリックし、「カートに入れる」をクリックしてください。

❹「カートへ進む」→「レジに進む」と進み、「クーポンを変更する」をクリック。

❺「クーポン」欄に本ページにある無料引き換えコードを入力し、「登録する」
　をクリックしてください。

❻０円になったのを確認して、「注文する」をクリックしてください。

❼ご注文を完了すると、「マイページ」に電子書籍が登録されます。

1の型

+前置詞

1の型 ＋前置詞

　最初の章で扱うのは、後置修飾の大定番にあたる前置詞です。みなさんは、前置詞というとどういうイメージがありますか。

　代表的な前置詞には in、on、at、of などがあります。これらの言葉は、機能語などとも呼ばれ、文中では、意味を表すというよりも、むしろ文法的な役割の方を多くになっている表現です。

　したがって、「使いこなせなくても、意味がわかればいいんじゃないか」というように、学習の過程の中で軽んじられてしまうこともあるのではないでしょうか。

■　■　■

　前置詞は実は、上手に使えば、英語の表現の幅を広げるのに大きく貢献するのです。例えば、the man という表現を考えてみましょう。この表現単体では、「その人、その男性」ぐらいの意味で特にひねりはありません。

　では、この表現に in や of などを使って、いろんな飾り付けをしてみましょう。

- **the man** in the mirror　鏡に映ったその人
- **the man** on the balcony　バルコニーにいるその人
- **the man** by the window　窓の近くにいるその人
- **the man** at the desk　デスクのところにいるその人

いかがでしょうか。in、on、at などの前置詞を上手に組み合わせることによって、the man というなんの変哲もなさそうな名詞が、このように色鮮やかに飾り付けられたではありませんか。

　これは、クリスマスツリーのもみの木に、星や電球やわたなどを飾り付けたりして、色鮮やかにしていくプロセスと似ていますね。

■　■　■

　前置詞を使ってできる飾り付けは、空間的なものに限りません。時間的に飾り付けることもできるのです。例えば、the meeting という言葉を考えてみましょう。これ自体は、「その会議」という意味ですが、それに in、 on、at を使って、時間的な広がりをつけて表現のバリエーションを増やしてみることにしましょう。

- <u>the meeting</u> on Tuesday　火曜日のその会議
- <u>the meeting</u> at seven o'clock in the evening　夕方7時のその会議
- <u>the meeting</u> in the late afternoon　午後の遅い時間のその会議

　いかがでしょうか。ただの the meeting が、このように前置詞によって飾り付けられることによって、具体的な状況を示すことができるようになったのです。

　このように、前置詞を活用して、話題の中心となっている名詞を、後ろから飾り付けることが、いわゆる後置修飾の役割です。このような後置修飾を上手に活用すると、どのようなことができるようになるのでしょうか。

　それは、話題の中心となっている名詞が何を表しているのか、より具体的に、より鮮明に輪郭を描き出すことができる、というわけです。前置詞を活用すると、こんなにも英語の表現の幅に奥行きができるのですね。

■　■　■

　この章では、特にビジネスコミュニケーションの際に重要だとされている場所や時間を表す前置詞表現を多く取り上げていくことにします。まずは前置詞表現の中で重要とされる in、on、at、of などの、何となくなじみはあるけど、使い方がよくわからないままきてしまっているかもしれない表現を紹介します。

　そして、その表現を「省略」する場合についても取り上げます。これは日本語の「ら抜き言葉」のような感じで、外国語として学習している私たちには難しい場合もありますが、一つ一つ何が省略されているのかを押さえていけば、クリアできるはずです。

　そして、ビジネスコミュニケーションの即戦力となるような、前置詞表現も取り上げていきます。

　前置詞は、a や the などの冠詞に次いで、英語学習者にとって苦手意識を持ちやすい表現に挙げられることが多い項目です。この章を通して、これまで苦手だった前置詞を克服しましょう。

sv
+ in

① 私は IT 課で働いています。

② デイヴィッドは工業地区に住んでいる。

③ あの新しいインターン生はアカウンティングを専攻しています。

④ あのカフェテリアでランチにしましょう。

⑤ トムはアメリカでビジネスを勉強した。

⑥ 私は混雑している地域で運転するのが好きではない。

⑦ 多くの人が昔はこのオフィスでタバコを吸っていました。

⑧ 昔はオンラインの通信手段はなかったのです。

⑨ 節子は2018年にニューヨークを訪れました。

⑩ 20世紀初頭は、遠方との通信は郵便にだけ頼り切っていたのです。

ヒント　①IT課：**IT department** ／②工業地区：**industrial district** ／③〜を専攻する：**major in...** ／⑥混雑している地域：**congested areas** ／⑦かつて〜していた：**used to...** ／⑧通信手段：**communication technology** ／⑩遠方：**long-distance**、郵便：**postal mail**。e-mail に対して普通郵便を指す言い方に、snail mail (s-mail) もある。

「主語＋動詞（＋目的語）」の形は、英文を構成する代表的なものと言えるでしょう。その後ろに置かれる「前置詞＋名詞」の要素は、文法的には必ず必要なものではなく、むしろ、修飾部と言われる、いわば飾りの要素です。ですが、この修飾部を上手に活用することで、表現できる英文のバリエーションは大幅に広がります。in は「時間」や「場所」を表すことのできる便利な前置詞です。

🔊 01

① I work in the IT department.

② David lives in the industrial district.

③ That new intern is majoring in accounting.

④ Let's grab lunch in the cafeteria.

⑤ Tom studied business in the U.S.

⑥ I don't like driving in congested areas.

⑦ Many people used to smoke in this office.

⑧ We didn't have online communication technology in the past.

⑨ Setsuko visited New York in 2018.

⑩ Long-distance communication relied solely on postal mail in the early part of the 20th century.

解説　①② 「IT課で」「工業地区に」のように「場所」を表す in ／③ major in は熟語。in は専門の範囲を表すニュアンスがある／④⑦のように建物の中を表す場合、⑤⑥のように比較的ざっくりと空間を表したい場合にも in を用いる／⑧⑨⑩年月を表したい場合にも in を用いる

sv
+ on

① あのベランダに誰かいますよ。

② カレンダーをその壁に貼ってください。

③ 私のオフィスはこの建物の12階に位置しています。

④ 私たちはあの通りの曲がり角のところにあるテレワークスペースを利用することに興味がある。

⑤ 代わりに木曜日にオンライン会議をいたしましょう。

⑥ 私は9月23日に大きな会議に行きます。

⑦ あの料理はメニューに載っていませんよね。

⑧ 妻と私はよく週末に映画を見に行く。

⑨ 私たちは11月11日の夜に彼と会った。

⑩ 次のミーティングは木曜日の午後に開催される予定です。

ヒント ①ベランダ：balcony ／④テレワークスペース：the telework office space ／⑤代わりに：instead ／⑥会議：conference ／⑦載る：appear ／⑧週末に：on weekends ／⑩開催される：be held onは「〜の上」と訳されることが多いですが、「何かにくっついている」ということを表す前置詞です。空間を表す表現の場合は、何かの「上」、「下」、「平面」などにくっついているというニュアンスを出します。時間を表す表現の場合、inは「月」、「年」、「季節」などの比較的広い概念を示すのに対し、onは「日付」、「曜日」、「特定の日の午前・午後」など、もう少し狭い概念を示す表現として用いられます。

🔊 02

① There's <u>somebody</u> on the balcony.

② Can you put the calendar on the wall?

③ My office is on the 12th floor of this building.

④ We'd be interested in using <u>the telework office space</u> on the corner of that street.

⑤ Let's have an online meeting on Thursday instead.

⑥ I'm going to a big conference on September 23rd.

⑦ That dish does not appear on the menu, does it?

⑧ My wife and I often go to the movies on weekends.

⑨ We met him on the night of November 11th.

⑩ The next meeting will be held on Thursday afternoon.

解説　①バルコニーの平面に立っているというニュアンス／②壁に張り付いているというニュアンス／③12階（の床の上）に、というニュアンス／④角のところでという熟語／⑤曜日を表すon／⑥日付を表すon／⑦メニューにくっついている→載っているというニュアンス／⑧週末（曜日）を表すon／⑨⑩特定の日の午前・午後・夜などを表す場合もon（日付を表すonと同じ）

19

SV
＋前置詞の省略

① アレクサンダーは金曜日にニューヨークに戻った。

② ミーティングは木曜日の朝に予定されています。

③ 先週の金曜日にワークショップがありました。

④ 健は来週出張の予定です。

⑤ すべてのコピー機は今朝修理中でした。

⑥ 先週末、あのエレベーターは故障していました。

⑦ 今日は一日中、プロジェクトにかかりっきりでした。

⑧ あなたの好きな日に彼と会う予約をして構いませんよ。

⑨ 彼らは今日のプレゼンテーションの準備で良い仕事をしました。

⑩ 去年はオンライン会議を行うのに我々はみんな難儀しましたね。

ヒント ④出張：business trip ／⑤コピー機：photocopier、修理する：repair ／⑥故障中、調整中：out of service ／⑦一日中：all day ／⑧アポイントを取る：make an appointment ／⑨準備する：prepare ／⑩難儀する、処置に困る：have difficulty、会議を進める：conduct a meeting

前置詞の表現は、日本語の「て・に・を・は」などの助詞に例えられることが多いようです。上手に使いこなすためには、日ごろ目にする英文などをよく見て観察をしておくことが大事です。すると、このセクションで取り上げるような、本来あるべきかもしれない前置詞が省略されている場合があるということに気がつくでしょう。

① Alexander went back to New York (on) Friday.

② The meeting will be held (on) Thursday morning.

③ We had a workshop last Friday.

④ Ken is going on a business trip next week.

⑤ All the photocopiers were being repaired this morning.

⑥ The elevator was out of service last weekend.

⑦ We worked on the project all day today.

⑧ You may make an appointment to meet him any day you like.

⑨ They did a good job (in) preparing for the presentation today.

⑩ We all had difficulty (in) conducting online meetings last year.

解説　①②曜日を表す on は省略できる／③ last がつく場合には on はつけない／④ next がつく場合には on はつけない／⑤ in the morning の場合には in はつけるが、this の場合には in は通常は省略する／⑥ last がつく場合には on は省略／⑦⑧ all day、any day など all や any がつく場合には前置詞はつけない／⑨⑩ in ...ing の in は省略可能／⑩ last がつく場合には in は省略

SV
＋ at

① 私たちは12時にランチミーティングを開く予定です。

② 私はたいてい朝7時30分に起床します。

③ 2時半になりましたらプレゼンを始めます。

④ マーティンは夜外出することが好きではない。

⑤ 私は今月末に熱海に旅行をするつもりです。

⑥ アキラは今日は一日中自分の机で仕事をしています。

⑦ この文書の下部のところに署名をしてください。

⑧ 2番目の信号を左折してください。

⑨ 入り口のところに誰かいます。彼女は私たちのお客さんでしょう。

⑩ 正午に南口で待ち合わせをしましょう。

ヒント ③2時半に：at half past two ／⑤旅行する：take a trip、今月末に：at the end of this month ／⑥一日中：all day ／⑦あなたの署名をする：provide your signature、〜の下部の：at the bottom of... ／⑧左折する：take a left、信号：traffic light ／⑨お客さん、訪問者：visitor ／⑩南口：South Exit inやonが理解できたところで、今度はatを見ていくことにしましょう。この表現は、学習者にとっては少々つかみどころのない表現であると思われているようです。atのニュアンスは、「ある一点」です。場所の表現として用いれば「最初」、「最後」などの点を表し、時間の表現として用いれば、「何時何分」や、「月末・週末」などの時間の一点を表す表現となります。

🔊 04

① We'll have a lunch meeting at 12 o'clock.

② I usually get up at 7:30 in the morning.

③ We'll start our presentation at half past two.

④ Martin doesn't like to go out at night.

⑤ I'm taking a trip to Atami at the end of this month.

⑥ Akira is working at his desk all day today.

⑦ Please provide your signature at the bottom of this document.

⑧ Take a left at the second traffic light.

⑨ There's somebody at the entrance. She must be our visitor.

⑩ Let's meet up at the South Exit at noon.

解説 ①②時刻を表す場合にはatを用いる／③half past twoは2時を半分過ぎた→2時30分で、時刻を表すのでatを使う／④⑩morning, afternoon, eveningはinだが、(mid)nightやnoonの場合にはatを用いる／⑤⑦最初・最後（底）を表す場合にはatを用いる／⑥自分のいるべきデスクという場合にはat／⑧信号機のところでという場合にはat／⑨⑩出入り口を表す場合にはat

23

SV名詞
＋ of

① デイヴィッドは 調達部のメンバーです。

② 私たちはレストランの雰囲気がとても好きでした。

③ 私たちはこの会社の規則を見直さなければならない。

④ スーのオフィスはこの建物の最上階にあります。

⑤ 私はその支社から徒歩圏内に住んでいます。

⑥ あなたを新しいプロジェクトチームの一員としてお迎えしたいと思います。

⑦ 歳をとっても彼女のまばゆいばかりの美しさはそのままですね。

⑧ 私たちはその統計データの信憑性をかなり疑っている。

⑨ スーは彼女の上司が彼女にモラル・ハラスメントを行ったと訴えた。

⑩ セミナーに関するアンケートに答える必要性について忘れずに参加者に伝えてください。

ヒント
　①調達：procurement ／②雰囲気：atmosphere ／③見直す：update ／⑤徒歩圏内に：within walking distance、支社：branch office ／⑦ A から B を奪う：rob A of B ／⑧信憑性：credibility ／⑨ A を B のことで訴える：accuse A of B ／⑩ A に B の情報を与える：inform A of B、参加者：participant、アンケート：questionnaire

of は日本語の「の」にあたる表現です。ですが、日本語とは of を挟んだ名詞の前後関係が逆になるので注意が必要です。例えば、「私 "の" 友達」と言いたい場合、「友達 of 私の＝ a friend of mine」となり、日本語の語順のように mine of friend のようには言いません。この点は、学習者がよく間違う点ですので、十分注意して例文を見ていきましょう。また、of が名詞とともに用いられる点も要注目です。

 05

---

① David is <u>a member</u> of the procurement department.

② We really liked <u>the atmosphere</u> of the restaurant.

③ We must update <u>the regulations</u> of our company.

④ Sue's office is on <u>the top floor</u> of this building.

⑤ I live within <u>walking distance</u> of the branch office.

⑥ We would like to invite you to become <u>a member</u> of the new project team.

⑦ Age hasn't robbed her of her radiant beauty.

⑧ We greatly doubt <u>the credibility</u> of the statistical data.

⑨ Sue accused her boss of moral harassment.

⑩ Make sure to inform the participants of the need to respond to the questionnaire about the seminar.

解説 ①④⑥部分関係を表す of（メンバーの一部・建物の最上階・構成員）／②⑧性質を表す of（レストランの雰囲気、データの信憑性）／③ of がつくことにより範囲が限定される（「私たちの会社の規則」）／⑤ within A of B の形、支社から徒歩圏内／⑦ rob A of B の熟語（左ページ参照）／⑨ accuse A of B の熟語／⑩ inform A of B の熟語

SV（名詞）
+ to

① 職場に歩いて通うことがありますか。

② これがコピー室の鍵です。

③ アレクサンダーはメキシコに出張の予定です。

④ 火曜日、カジュアルな会合に来てみたいですか。

⑤ 駅への最短の道はこっちではありません。

⑥ 何時にホテルに着きましたか。

⑦ ヒースロー空港への一番安いチケットをいただけますか。

⑧ とはいえ、今おっしゃったことはその質問の答えではありませんでした。

⑨ それは問題解決への効果的なアプローチですね。

⑩ 書類に修正をしてくださってどうもありがとう。

ヒント ①職場：workplace ／③出張：business trip ／④会合、親睦会：get-together ／⑤最短の道：the shortest way ／⑧今おっしゃったこと：what you just said ／⑨効果的な：effective、問題を解決する：solve a problem ／⑩修正する、改訂する：make revisions to は「目的地に到達する」というイメージを持っている動詞で、例えば go to, get to, come to などのように「移動」を表す動詞や、way to, answer to などのように、「（比喩的な意味でも）目的地」を表す名詞とともに用いられることもあります。どのような表現が to を取るのか、ということについては、いかにたくさんの例文を見たことがあるかという経験と無関係ではありません。まずは使い方として絶対に覚えておきたい代表例を見ておきましょう。

🔊 06

① **Do you ever walk** to your workplace?

② **This is <u>the key</u>** to the copy room.

③ **Alexander is going on <u>a business trip</u>** to Mexico.

④ **Would you like to come** to a casual get-together on Tuesday?

⑤ **This isn't <u>the shortest way</u>** to the station.

⑥ **What time did you get** to the hotel?

⑦ **Could I get <u>the cheapest ticket</u>** to Heathrow Airport?

⑧ **What you just said was not <u>an answer</u>** to the question, mind you.

⑨ **That's <u>a very effective approach</u>** to solving the problem.

⑩ **Thank you so much for making <u>revisions</u>** to the text.

解説　①③④⑥移動を表す動詞につく to で目的地を表す。walk to（歩いて〜へ行く）、go to（〜へ行く）、come to（〜へ来る）、get to（〜に到着する）／②⑤⑦方向を表す名詞につく to で、到達地点を表す。key to（〜に入るための鍵）、way to（〜へ至る道）、ticket to（〜行きのチケット）／⑧ answer to...（〜に対する答え）／⑨ approach to ...ing（〜に対するアプローチ）、to の後ろは動詞の原形ではないので注意／⑩ make revision to...（〜に対して修正を施す）

SV
+ for

① ホテルのシングルルームを予約しました。

② スティーヴは USB メモリーを探している。

③ 私は横浜の商社に勤務しています。

④ この電車は浜松行きです。

⑤ こちらはあなた宛の重要な書類です。

⑥ いくつかの中古車が売り出されています。

⑦ 私の故郷はお米の生産で有名です。

⑧ マイクは新車を 40,000 ドルで購入した。

⑨ 近くにドルをポンドに換金してくれるところはありますか。

⑩ そのスタートアップ企業は競合他社を知的財産権の侵害で批判しました。

ヒント　③商社：trading company ／④〜行きである：be bound for... ／⑥中古車：secondhand vehicle ／⑦〜で有名：be famous for... ／⑧ A を B で購入する：purchase A for B ／⑨ A を B と交換する：exchange A for B ／⑩批判する：criticize、競争相手・競合企業：competitor、侵害：violation、知的財産権：intellectual property rights

前置詞 for は、目的地に到達するというニュアンスを持っており、to とよく似た表現ですが、少しニュアンスが違います。to は明確な目的地を示すニュアンスを持っているのに対して、for は「ある方向、目的に向かっていく」というニュアンスを持ちます。また、派生したニュアンスとして、「理由や対価」などを表す表現として用いられる場合もあります。

🔊 07

① I asked for a single room at the hotel.

② Steve is looking for his USB memory stick.

③ I work for a trading company in Yokohama.

④ This train is bound for Hamamatsu.

⑤ Here's an important document for you.

⑥ There are some secondhand vehicles for sale.

⑦ My hometown is famous for rice production.

⑧ Mike purchased a new car for 40,000 dollars.

⑨ Is there any place nearby to exchange dollars for pounds?

⑩ The start-up company criticized their competitor for the violation of their intellectual property rights.

解説 ① ask for A（A を依頼する）／② look for（〜を探す）／③ work for（［会社］で働く）／④ for は目的地（方向）を示す／⑤ for は「〜のために」を表す／⑥ for sale で「売り出し中」の意味／⑦ for は理由を表す。「お米の生産が有名なことの理由」／⑧⑨ for は交換を表す、それぞれ新車と 40,000 ドル、ドル紙幣とポンド紙幣が交換されるイメージ／⑩ criticize A for B は、A を B の理由で非難する

29

SV
+ from A to B

① アリソンは月曜日から金曜日までマレーシアに出張です。

② 昨日、私はオフィスから家まで歩いた。

③ スティーヴは4月から9月までこの企画に携わっていた。

④ 四ツ谷から本駒込まで地下鉄に乗りましょう。

⑤ 2005年から2009年まで、香港で仕事をしていた。

⑥ 必ず彼女に新しい仕事のことを一から十まで全部教えてあげて。

⑦ この新しい方法が応用できるかどうかは文脈によって変わる。

⑧ 彼らは一軒一軒訪問して公衆衛生についての質問をした。

⑨ このオフィスの狭小さについての問題はさらに悪化した。

⑩ この新しいビジネスは十代から高齢者までこの土地に住んでいるすべての人々に利益があるだろう。

ヒント ③〜に携わる、取り組む：work on... ／④地下鉄：subway ／⑥一から十まで：from A to Z ／⑦応用が利くこと、適応性：applicability、方法：method、変える・変更する：vary ／⑧一軒一軒：from door to door、公衆衛生：public health care ／⑨さらに悪化して：from bad to worse ／⑩十代：teenager、高齢者：elderly from A to B は中学校英語の教科書でもよく見る形です。「何時から何時まで」のように時間を表す表現にも用いられますが、「どこからどこまで」のように場所を表す場合もあります。また、派生表現として from A to Z（一から十まで）のような言い回しも数多く存在します。よく例文を見て、役に立つ表現を覚えましょう。

🔊 08

① Allyson will be away on a business trip to Malaysia from Monday to Friday.

② Yesterday I walked from my office to my home.

③ Steve worked on this project from April to September.

④ Let's take the subway from Yotsuya to Hon-komagome.

⑤ I worked in Hong Kong from 2005 to 2009.

⑥ Make sure to teach her everything from A to Z about her new job.

⑦ The applicability of this new method varies from context to context.

⑧ They went from door to door asking questions about public health care.

⑨ The space problem at this office has gone from bad to worse.

⑩ The new business will benefit everyone in the area, from teenagers to the elderly.

解説 ①月～金曜日まで（時間）／②オフィスから家まで（距離）／③4～9月まで（期間）、④四ツ谷から本駒込まで（移動）／⑤ 2005 ～ 2009 年まで（期間）／⑥ from A to Z は熟語で、アルファベットの初めから最後まで＝一から十まで／⑦ from context to context は熟語で、「文脈次第」の意味／⑧ from door to door は熟語で、「ドアからドアへ＝一軒一軒」の意味／⑨「悪い状況からより悪い状況へ＝さらに悪くなった」の意味／⑩「子供からお年寄りまで」を表す定型表現

31

SV
＋時間を表す前置詞

① このレポートを水曜日までに必ず提出してください。

② 彼は今日までに私に折り返すと言っていた。

③ 彼は1時間後には最新の情報を私たちに知らせてくれることでしょう。

④ あなたの答えを月曜日までは待っていられます。

⑤ 明日までに申込書を提出しなければなりません。

⑥ この件は私が東京のオフィスに戻るまでお待ちいただけますか。

⑦ 今朝から雨が降ったり止んだりしている。

⑧ 彼は今朝出社して以来、ずっとこの経理の課題に取り組んでいる。

⑨ 彼らは数週間出張に出かけることになっている。

⑩ 健は足を骨折して2、3週間入院している。

ヒント ①必ず〜するようにする：make sure to do、提出する：submit ／②折り返す：get back ／③最新の情報：updated information ／⑤提出する：submit、申込書：application（form）／⑦雨が降ったり止んだりする：rain on and off ／⑧経理、会計：accounting ／⑩足を骨折する：break one's leg

時間を表す前置詞の表現にはたくさんのバリエーションがあります。in、on、at などのようにある概念を表す表現はバリエーションも多く、覚えるのに苦労する方も多いかもしれません。しかし、このセクションで取り上げる by（〜までに）、until（〜まで）、since（〜から、〜以来）などの前置詞はある程度決まった意味を表す場合が多いです。ビジネスでもよく使う表現が多いので、ぜひしっかり押さえておきましょう。

◀)) 09

① **Make sure to submit this report** by Wednesday.

② **He said he would get back to me** by today.

③ **I think he will get back to us with the updated information** in an hour.

④ **I can wait** until Monday for your answer.

⑤ **You must submit your application form** by tomorrow.

⑥ **Could it wait** until I come back to the Tokyo office?

⑦ **It has been raining on and off** since this morning.

⑧ **He has been working on this accounting task** since he came to the office this morning.

⑨ **They're going on a business trip** for a few weeks.

⑩ **Ken has been hospitalized** since he broke his leg a couple of weeks ago.

解説　①② 「水曜日まで」、「今日まで」、など by は期限を表す／③ 未来表現の中で出てくる時間を表す in は「〜後」の意味／④⑥の until は「〜までずっと」（継続）の意味を表すが、それに対して⑤の by は「明日まで」の意味で期限を表すので、混同に注意／⑦⑧⑩ since は「〜以来、〜から」の意味で行動の開始時点を表す／⑨ for は「〜の間」で、期間を表す

33

SV
＋前置詞句①（場所）

① バス停はその角のところにあります。

② アキラのデスクはプリンターの隣りにある。

③ レミは由美子の前に座っている。

④ 新任の主任が建物から出てきました。

⑤ 彼女のいるビルは郵便局の向かいに位置している。

⑥ その機材を廃棄する前に、古い電池をそれから出しておいてくださいね。

⑦ ノラ猫がフェンスを越えて駐車場に入ってきた。

⑧ 新しい議長は現職の役員の中から選ばれることになっています。

⑨ 急速な世界経済の国際化に伴い、国際取引が増えつつある。

⑩ 私たちのサービスは南アメリカの国々で広く受け入れられている。

ヒント ②～の隣りに：next to... ／③～の前に：in front of... ／⑤郵便局：post office ／⑥廃棄する：throw away、装置：device、電池：battery ／⑦ノラ猫：stray cat ／⑧役員：executive officer ／⑨国際取引：International transaction

場所を表す前置詞の中には、in front of...（〜の前に）などのようなフレーズがたくさんあります。これは前置詞句と呼ばれています。ビジネス表現として絶対に押させておきたいものを選びました。例文を何度も口に出して読んで、口をついて出るようになるまで練習しましょう。

---

① **The bus stop is** just around the corner.

② **Akira's desk is** next to the printer.

③ **Remi is sitting** in front of Yumiko.

④ **The new manager came** out of the building.

⑤ **Her building is located** across from the post office.

⑥ **Before you throw that device away, take the old batteries** out of it.

⑦ **The stray cat jumped** over the fence into the parking lot.

⑧ **The new chairperson is supposed to be chosen** from among the current executive officers.

⑨ **International transactions are increasing** along with the rapid globalization of the world economy.

⑩ **Our service has been well received in countries** throughout South America.

解説　① around は周辺を表す、「角のところで」／② next to... は「〜の隣りに」／③ in front of... は「〜の前に」、反対は in back of...（〜の後ろに）／④⑥ out of... は「〜から（外へ）」の意味で、反対は into ／⑤ across from... は「〜の向かいに」／⑦ over は「〜を越えて」の意味／⑧ from among は「（リストなど）〜の中から」／⑨ along with... は「〜に沿って」の意味／⑩ throughout は「〜を通して、〜の至るところで」の意味

SV名詞
＋前置詞句②（時間）

① 今は、私たちにとって予定された時間のかなり前です。

② 私たちは少し予定から遅れています。

③ 私が訪問する前にお知らせしますよ。

④ 会議に先立って必要な書類を受け取るでしょう。

⑤ パンデミックの間はホテルは閉鎖しています。

⑥ ２時ぐらいにもう一度ここで待ち合わせましょう。

⑦ ミーティングの時間について何か不安なことはありますか。

⑧ 雨季の終わりになるに従って湿気が劇的に上がります。

⑨ 来週以降に、空調システムのメンテナンスがあります。

⑩ この会計年度の最後に、効果的な在宅ワークに関するワークショップを企画します。

ヒント ①かなり前：far ahead ／②予定に遅れて：behind schedule ／③〜する前に：in advance of... ／④〜に先立って：prior to... ／⑤パンデミック：pandemic ／⑥待ち合わせる：meet up ／⑦不安なこと、心配：concern ／⑧湿気：humidity ／⑨空調、換気：ventilation、以降に：onwards ／⑩在宅ワーク：teleworking、会計年度：fiscal year

次は、時間を表す前置詞句を勉強しましょう。例えば、prior to...（～の前に）など のような表現は時間を表す前置詞句です。場所を表す前置詞句と同じく、これらの表現 は表す意味や使い方がある程度限定されています。何度も音読練習をして、体に染み込 ませるようにしてください。

① **We are** far ahead of the scheduled time.

② **We are a bit** behind schedule.

③ **I'll let you know** in advance of my visit.

④ **You'll receive the necessary document** prior to the meeting.

⑤ **The hotels will remain closed** during the pandemic.

⑥ **Let's meet up here again** at around two o'clock.

⑦ **Have you got any concerns** with regard to our meeting time?

⑧ **The humidity will increase dramatically** towards the end of the rainy season.

⑨ **The maintenance work on the ventilation system will take place** from next week onwards.

⑩ **We'll organize a workshop on effective teleworking** at the end of this fiscal year.

解説　①ahead of... は「～の先に」で、その反対は②の behind ／③ in advance of... は「～に 先立って」の意味／④ prior to... は「～の前に」の意味／⑤ during は「～の間に」の意味で前置詞、 似た意味の while は接続詞という違いがある／⑥時間を表す at に、「約」の意味を表す around が ついた／⑦ with regard to... は「～に関して」の意味／⑧ towards は「～に向かって」の意味／⑨ from A onwards は「A から（その先）ずっと」の意味／⑩最初・最後を表す at

音読の際に前置詞が聞こえない？

　英語の音読練習は、多くの英語学習教材でも用いられる、比較的ポピュラーな方法であると言って差し支えないでしょう。しかしながら、音読練習をしたことがある方で、CD を何度くり返し聞いても、その単語を言っているようにどうしても聞こえないという経験をされたことがある方は少なくないでしょう。

　特に、音が聞こえないものの定番として挙げられるのが「前置詞」です。in がインに聞こえない、on がオンに聞こえない、of がオブに聞こえない、という経験をしたことがある方も多いのではないでしょうか。

　これは、英語の前置詞は、文中の中で意味を表す役割ではなく、文法的な構造を示す機能であるという性質から、その母音がかなり弱く読まれるということが起きます。英語には弱母音の schwa（シュワ）と呼ばれるものがあり、「ə」(e を逆さまにしたような発音記号）として表記されます。これは、日本語で言うと「イ」と「ウ」と「エ」の中間のような音をしています。このような理由から「ə」は曖昧母音とも呼ばれています。ですから、in、on、of などは近いカタカナで表記すれば in（エン）、on（ウン）、of（アヴ）のように、曖昧な母音として読まれてしまうのです。どうしても学習の過程で発音をカタカナ語に置き換えて考える癖のある、我々日本人英語学習者にとっては、この曖昧母音に慣れるということに時間がかかったり、慣れるのが苦痛であったりすると思います。曖昧な母音であるが故に、本当にそのように読まれているのか、そのように発音されているのか確信が持てない、だからいまいち英語が聞こえないという悪循環が生まれてしまいます。

　このことを念頭に置いて、もう一度この前置詞のセクションの例文を聞き直してみてください。前置詞はほとんどの場合、曖昧母音（弱母音）として発音されていることに気がつくはずです。無理に日本語のカタカナに置き換えたりせずに、曖昧な母音を、弱く、曖昧に、音源を真似して読んでみてください。何度も真似してやっているうちに、徐々にそのように聞こえてきますよ。思い込みというのは意外と強く、これが時には学習を妨げるということもよくあります。ぜひ、曖昧に発音する練習も取り入れてください。

2の型

+不定詞

２の型　＋不定詞

　不定詞は「to ＋動詞の原形」で作られる、さまざまな意味を持った表現です。

　本来は動詞であるはずのものが、時には名詞、時には形容詞、時には副詞のように働き、場合によって意味もさまざまであることから、「不定詞」と呼ばれています（英語では infinitive と言います）。

■　　■　　■

　この章で取り上げる不定詞は、後置修飾に相当するものということで、一般的に「〜のための、〜すべき」と訳される形容詞用法、そして一般的には「〜のために」と訳されることの多い副詞用法をメインに取り上げていくことにしましょう。

　不定詞は、ある名詞の後ろにくっついて、その目的などをはっきりさせる時によく使われます。

　例えば、「その空間」という意味の the space という名詞を考えてみましょう。これだけでは、どのような用途で使われる空間なのか、などの具体的な使用目的ははっきりしません。

- **the space** to rent　借りるためのそのスペース
- **the space** to stay　泊まるためのそのスペース
- **the space** to work in　仕事をするためのそのスペース
- **the space** to hold a meeting at
　ミーティングを開くためのそのスペース
- **the space** to move your office to
　オフィスを移転させるためのそのスペース

　いかがでしょうか。不定詞を上手に活用することによって、the space という何の変哲もなさそうな名詞に、意味の広がりが出てきましたね。to 不定詞の形容詞用法は、名詞に後ろからくっついて、その使用用途や目的などを表すのに使われます。

■　　■　　■

今度は、不定詞の副詞用法を見ていくことにしましょう。形容詞用法との一番大きな違いは、修飾するものです。形容詞用法は後ろから名詞にくっついて、その使用用途を明らかにするものでしたね。他方、副詞用法がくっつくのは、名詞ではなく、動詞、形容詞や副詞、または文全体です。つまり、副詞が修飾できる要素、ということですね。一般的には、「〜するために、〜の目的で」などのように訳されることが多いです。

　では、例としては work hard という、「一生懸命働く」という表現を見てみましょう。本書の読者の多くは社会人だと思いますが、例えば、新入社員の方がこのように発言した際に、その労働の目的を知りたいところかと思います。そこで、to を使って、その勤労の目的を表現してみることにします。

- **work hard** to live a happy life
  幸せな暮らしをするために一生懸命働く
- **work hard** to make a living
  生活費を稼ぐために一生懸命働く
- **work hard** to launch my own company
  自分の会社を設立するために一生懸命働く
- **work hard** to support my elderly parents
  年老いた両親を支援するために一生懸命働く

　いかがでしょうか。to 以下の要素が work hard をそれぞれ修飾して、一生懸命働いていることの「目的」を表現しています。

　不定詞の副使用法はこれ以外にも、「原因」を表現したり、「程度」を表現したり、ある行動の「結果」を表現したりするのにも使われます。

■　　■　　■

　学校などで使われる文法教材の多くは、不定詞の形を学習することに主眼が置かれていることが多いです。そのため、この文法項目になじみはあっても、不定詞の使い方のバリエーションについては、あまり焦点を当てて勉強したことがなかったという方も決して少なくないのではないでしょうか。本書での学習を通して、不定詞の効果的な使い方を身につけて、実戦で使える強い武器として欲しいと思います。

SV名詞
+ to（目的・使用用途）

① 何かメモれるもの（紙）がありますか。

② 私の娘にはスペイン語を教えてくれる先生が必要だ。

③ 今日は何か他にやるべき課題がありましたか。

④ この製品について他に何か聞いておきたいことはありますか。

⑤ 第二四半期の決算について悩んでいる時間はない。

⑥ ネットワークセキュリティを改善できる能力のあるエンジニアが必要です。

⑦ デイヴィッドはついに彼の現在の企画をあきらめる決意をしました。

⑧ アンガーマネジメントは、職場環境を改善する効果的な方法の1つです。

⑨ 在宅ワークの生産性を高めるには、ファイルを管理し共有するための
　 オンライン・プラットフォームが必要です。

⑩ マーティンは決して理由もなしに他人の悪口を言わない人だ。

ヒント ③課題：task ／④製品：product ／⑤第二四半期の決算：the second quarter account settlement ／⑥能力のある：qualified ／⑦決意をする：make a decision ／⑧アンガーマネジメント（怒りの感情を管理・制御するための技術やトレーニング）：anger management ／⑨生産性：efficacy ／⑩ for no reason: 理由もなしに

「主語＋動詞＋目的語」（SV 名詞）で文の骨組みを作った後に、to 不定詞を使って、補足説明をしている形をよく目にするのではないでしょうか。to 不定詞は名詞を後から修飾する後置修飾の大定番だと言って差し支えないでしょう。ここでは特に、後ろから名詞を修飾して「目的や使用用途」を補足説明する表現を見てみましょう。

◀)) 12

① Have you got <u>something</u> to write on?

② My daughter needs <u>a teacher</u> to teach her Spanish.

③ Did I have <u>any other tasks</u> to do today?

④ Do you have <u>any other questions</u> to ask about this product?

⑤ I have <u>no time</u> to worry about the second quarter account settlement.

⑥ We need <u>a qualified engineer</u> to improve network security.

⑦ David finally made <u>the decision</u> to give up on his current project.

⑧ Anger management is <u>an effective way</u> to improve your working environment.

⑨ To increase the efficacy of our teleworking, we need <u>an online platform</u> to organize and share files.

⑩ Martin is <u>the last person</u> to speak ill of others for no reason.

解説　①to write on...（〜の上に書く）で、紙のことを意味する／②a teacher の教える内容が以下の to 不定詞／③to do today で task を修飾／④to ask 以下で、question の内容を表す／⑤to worry 以下で、no time を修飾／⑥to improve 以下で、engineer に必要とされることを表す／⑦to give 以下は decision の内容を表す／⑧to improve 以下は way を修飾／⑨to organize and share 以下をするための platform ／⑩last person（〜する最後の人＝もっとも〜しそうにない人）

43

SV
+ to（目的）

① 彼はいい人ではあるが、話しかけづらい時がある。

② 我々の職場環境を改善するために、ヨランダは最善を尽くした。

③ この新しいガイドラインは理解するのが大変ではなさそうだ。

④ この教科書は読みづらいが、参照するには役立つ。

⑤ 彼女のプレゼンを聞くために、我々は会議室に戻った。

⑥ ワークショップの実演に専念するために、スティーヴは前の席に座った。

⑦ 休憩中、空気の入れ替えのために、アキラは窓を開けた。

⑧ 私たちはデジタルコミュニケーションに関する何か新しいことを学ぶために彼のプレゼンを聞いた。

⑨ コンサルタントになるため、アレクサンダーは大学院で一生懸命勉強した。

⑩ 会議を妨げないように、マーティンは部屋に静かに歩いて入ってきた。

ヒント ②最善を尽くす：try one's best、職場環境：working environment ／③テンプレート：template ／④〜を参照して：refer to... ／⑥〜に専念する：concentrate on... ／⑦休憩中：during the break ／⑧寝過ごす：oversleep、髪をとかす：comb one's hair ／⑨大学院：graduate school ／⑩〜を妨げる：interrupt

to 不定詞は、後ろから名詞を修飾して名詞の目的や使用用途を表す場合もあります
が、述語の部分を修飾し、ある行動や動作の「目的」を示す場合にもよく用いられます。
この場合、不定詞がダイレクトにかかっているのは、動詞や形容詞などの部分になりま
すので、修飾する対象は名詞ではないことに注意しましょう。

🔊 13

① He is a nice person, but sometimes difficult to talk to.

② Yolanda tried her best to improve our working environment.

③ This new guideline does not look hard to follow.

④ This textbook is hard to read, but useful to refer to.

⑤ We went back to the meeting room to listen to her presentation.

⑥ Steve sat down in the front to concentrate on the workshop demonstration.

⑦ During the break, Akira opened the windows to get some fresh air.

⑧ We listened to his presentation to learn something new about digital communication.

⑨ Alexander studied hard in graduate school to become a consultant.

⑩ Martin walked into the room quietly to avoid interrupting the meeting.

解説　①to 以下は difficult を修飾／② to 以下は、tried her best を修飾／③ to follow が（not）
hard を修飾／④ to read は hard を、to refer to は useful をそれぞれ修飾／⑤ to listen 以下は、会
議室に戻った目的を表す／⑥ to concentrate 以下は、sat down した目的を表す／⑦ to get 以下
は、open the windows の目的を表す／⑧ to learn は listen の目的を表す／⑨ to become 以下は、
studied の目的を表す／⑩ to avoid 以下は walked in the room quietly の目的を表す

SV
+ in order to

① 他の会議に出るために、マイクは部屋を出ました。

② 彼に納得してもらうために、私たちが今できることは何もないようです。

③ このアイデアを実現するために、もう一度最初から考えてみる必要がある。

④ また仕事に遅れることのないように、今朝私は早く起きました。

⑤ 忘れることのないように書き留めておくことを強く助言します。

⑥ 害虫駆除のために殺虫剤が使われた。

⑦ 自分の話を聞いてもらうために、彼は声を張り上げた。

⑧ 次の電車を逃さないために急いだ方が良い。

⑨ お金を貯金する目的で、私はほとんどの食事を家で取ります。

⑩ 余計な論争を回避するために、この話題はいったん脇へ置いておきましょう。

ヒント ②〜を納得させる：convince ／③Aを実現する：put A into practice ／⑥殺虫剤：pesticide、〜を取り除く：get rid of....、害虫：harmful insect ／⑦声を張り上げる：raise one's voice、自分の話を聞いてもらう：make oneself heard ／⑧電車に乗り損なう：miss the train ／⑨食事：meal ／⑩脇へ：aside、論争：conflict

目的を表す不定詞表現はよく目にすると思います。一方、少し形を変えた不定詞を使って目的を表す表現も英語には多く存在します。このセクションでは、to 不定詞の代わりに用いられ、目的を表す表現である in order to... （〜するために）や so as to... （〜するために）などを紹介します。それぞれ、何度も口に出して音読して、体に染み込ませるようにしてください。

🔊 14

① Mike left the room in order to attend another meeting.

② There seems to be nothing we can do now in order to convince him.

③ We need to start from scratch again in order to put this idea into practice.

④ I got up early this morning in order not to be late for work again.

⑤ I strongly advise you to write it down in order not to forget it.

⑥ Some pesticides were used so as to get rid of harmful insects.

⑦ He raised his voice so as to make himself heard.

⑧ You should hurry up, so as not to miss the next train.

⑨ I have most of my meals at home, for the purpose of saving money.

⑩ For now, let's put this topic aside for the sake of avoiding unnecessary conflict.

解説　①②③ in order to... 以下は、目的を表す表現／④⑤ in order to... の目的を表す表現の否定形で、to の前に not を置く／⑥ so as to... 以下は、目的を表す表現。in order to... の方がよりフォーマルな表現に聞こえる／⑦⑧ so as to... の否定形で、to の前に not を置く／⑨⑩ for the purpose of... / for the sake of... は in order to... / so as to... のように目的を表す表現だが、to 不定詞ではないので of の後ろは ing 形であることに注意

SV疑問詞
+ to （目的）

① 私は次に何をしたら良いかわかりません。

② 彼は彼女に何て言ったらいいのかわかりませんでした。

③ 彼は次に何をしたら良いのか理解していないようです。

④ 母の誕生日に何を買ったら良いのかを考え中です。

⑤ 私はどちらのルートを選んだら良いかまったくわかりません。

⑥ そこからどこへ行ったら良いのか、彼らはまったくわかりませんでした。

⑦ パーティーに誰を呼ぶべきで、誰を呼ばないべきかを私たちはまだ話し合っています。

⑧ その壁を塗るのに何色を使ったら良いのか、私の意見を言ってもよろしいかしら。

⑨ 市役所に行くのにどちらのバスに乗ったら良いのか、私たちはわかりません。

⑩ 熟考の末、どのパソコンを買うべきか、私の父はようやく決めました。

ヒント ①次にすること：what to do next ／②何か言うべきこと：what to say ／④〜を考え中です：I'm wonderng... ／⑥まったくわからない：have no idea ／⑨市役所：City Hall ／⑩熟考：careful consideration

次は、疑問詞と to 不定詞をセットにした表現を見ていきましょう。例えば what to do（何をすべきか）、や where to go（どこへ行くべきか）、how to speak（どのように話すべきか）などのように、疑問詞の後にダイレクトに不定詞を置く形が英語ではよく見られます。見たことのある表現もたくさんあると思いますので、しっかり音読練習をして、いざという時に使えるように練習しましょう。

15

① I don't know <u>what</u> to do next.

② He didn't know <u>what</u> to say to her.

③ He doesn't seem to understand <u>what</u> to do next.

④ I'm wondering <u>what</u> to buy for my mother's birthday.

⑤ I have no idea <u>which route</u> to take.

⑥ They had no idea <u>where</u> to go from there.

⑦ We are still discussing <u>who</u> to invite to the party and <u>who</u> not to.

⑧ May I give my opinion about <u>what color</u> to paint the wall?

⑨ We don't know <u>which bus</u> to take to City Hall.

⑩ After careful consideration, my father finally decided <u>which computer</u> to buy.

解説　①②③④ what to... の to 不定詞以下は what を後置修飾して「〜すべきことは何か」と訳すとスムーズ／⑤ which は後ろの route とセットで「どちらのルート」と疑問詞的なカタマリを作り、to take が後置修飾している／⑥ to go 以下が where を修飾して「どこに行くか」／⑦ who to invite（誰を招待するか）／⑧ to paint は what color を修飾して「何色で塗るべきか」／⑨ which bus to take（どちらのバスに乗るべきか）／⑩ which computer to buy（どちらのパソコンを買うべきか）

SV
+ to（理由）

① すみませんが、私たちはそのお申し出を見送ることにしました。

② 会議中にそんなことを言うなんて、彼は馬鹿げている。

③ 彼女はそのニュースを聞いて大変ガッカリしていたように見えた。

④ 空港でパスポートをなくすなんて不注意だった。

⑤ 今日は上司に会わなくてとても安心した。

⑥ ダニーは自分のスタイルを変える必要がないと知って喜んだ。

⑦ コンペで1位になって私たちは誇らしかった。

⑧ スーは自分のプロポーザルが受け入れられなかったのでとても落胆しているように見えた。

⑨ 彼女は誰も彼女の提案を評価していないことがわかって不満だった。

⑩ あんな会社内の噂を信じてしまっていたなんて、私は愚かだった。

ヒント ①申し出を断る：decline the offer ／③ガッカリさせる：disappoint ／④不注意な：careless ／⑤安心させる：relieve ／⑥喜ばせる：please ／⑦1位を取る：win first prize ／⑧落胆させる：discourage ／⑨不満に思わせる：frustrate ／⑩噂：gossip

ここからは「目的」以外を表す to 不定詞の形を見ていきます。「目的」を表す to 不定詞とよく混同されるのが、「理由」を表す to 不定詞です。このセクションでは特に、sorry や reluctant、delighted などの感情を示す表現とともに用いて、その感情の原因や理由がどこにあるのかということを表す不定詞表現を取り上げていきます。このような表現を用いると、英語の表現のバリエーションがぐんと広がりますよ。

 16

① **We were sorry** to decline the offer.

② **He was foolish** to say such a thing during the conference.

③ **She looked so disappointed** to hear the news.

④ **I was careless** to lose my passport at the airport.

⑤ **I felt so relieved** not to see my boss today.

⑥ **Danny was pleased** not to have to change his style.

⑦ **We were so proud** to have won first prize at the competition.

⑧ **Sue looked really discouraged** not to have her proposal accepted.

⑨ **She was frustrated** to find that no one seemed to appreciate her suggestion.

⑩ **How foolish I was** to have believed the office gossip.

解説　①② to 以下は sorry の感情の原因や foolish だと判断した理由を表す／③ to hear 以下は disappointed の感情の理由／④ to lose 以下は careless だと判断した理由／⑤ not to see 以下は relieved の感情の理由／⑥ not to have 以下は pleased の感情の理由／⑦ to have won 以下は proud の判断理由／⑧ not to have 以下は discouraged の感情の理由／⑨ to find 以下は frustrated の感情の理由／⑩ to have believed 以下は foolish だと判断した理由

SV
+ to（結果）

① 彼らはもう一度やってみたが、結局は失敗した。

② 祖母は100歳まで生きた。

③ 彼は成長して政府職員となった。

④ 私は目が覚めたらオフィスにいた。

⑤ 彼は勉学に励んでついに博士号を得た。

⑥ スティーヴは上司に食ってかかって、2度と戻らなかった。

⑦ 家電量販店に急いだが、ウェブカメラはもうすべて売り切れていた。

⑧ 彼女は会社始まって以来初めての女性の理事になることを彼女の目標としていた。

⑨ 彼の提案は洗練されて、最終的には我々が手がけたうちで最も成功したプロジェクトの1つになった。

⑩ デイヴィッドは常勤職員は引退したが、非常勤職員として働き、後進のコンピューター・エンジニアを育成している。

ヒント ①失敗する：fail ／③政府職員：government official ／⑤博士号を得る：earn a doctoral degree ／⑥〜に食ってかかる：yell at... ／⑦家電量販店：appliance store、売り切る：sell out ／⑨提案：proposal、洗練する：refine ／⑩常勤の仕事：full-time work、非常勤職員：part-time employee to 不定詞は、文の途中で現れることも多いのですが、一方、文の最後の方に現れることもよくあります。to 不定詞の表現の中には、（よくコンマなどと一緒に用いて）センテンスの主要な部分の（動作や行動の）「結果」がどうなったのかということを示す時に用いられることがあります。この「結果」を表す to 不定詞はビジネス文章では意外と多く使われるので、ぜひ押さえておきましょう。

🔊 17

① They tried it again, only to fail.

② My grandmother lived to be 100 years old.

③ He grew up to be a government official.

④ I woke up to find myself in the office.

⑤ He studied very hard, eventually to earn a doctoral degree.

⑥ Steve yelled at his boss and left, never to return again.

⑦ I hurried to the appliance store, only to find that all the webcams were sold out.

⑧ She made it her goal to become the first female board member in the company's history.

⑨ His proposal was refined to eventually become one of our most successful projects.

⑩ David, though he has already retired from full-time work, still works as a part-time employee to foster the next generation of computer engineers.

解説　① only to 以下は tried の結果を表す／② to be 以下は lived の結果／③ to be 以下は grew up の結果／④ to find 以下は woke up の結果／⑤ eventually to earn 以下は studied の結果／⑥ never to return は yell してしまった結果／⑦ only to 以下は hurried の結果／⑧ to become 以下は仮主語 it の内容で、結果となる goal（果たしたい目的）を示す／⑨ to eventually become 以下は refine された結果／⑩ to foster 以下は still works の結果

SV
＋ enough to (程度)

① その映画はとても良かったのでもう一回見たいです。

② マーティンの息子は善悪の区別がつく年頃のはずだ。

③ スライドデッキのフォントは必ずみんなが見えるように大きくしておいてください。

④ うーん、彼は分別のある人なのでそのようなことはしないと私は信じていますが。

⑤ セミナーの内容がわかるほどには彼の英語力は高くない。

⑥ 健はとても優しいので、私がその資料を英語に翻訳するのを手伝ってくれた。

⑦ そんな社内の噂を真面目に受け取るほど彼は愚かではない。

⑧ 急ぐあまり、プロジェクト案について詳細を見過ごすことのないようにしなければならない。

⑨ この案件は少し難し過ぎるので多分彼には扱い切れない。

⑩ 今日はとても多忙を極めたので、我々はそれ以上のことをすることはできなかった。

ヒント　②善悪の区別をする：tell good from bad ／③必ず～するよう手配する：make sure...、スライドデッキ：slide deck。パワーポイントのスライド案／④分別がある：sensible ／⑤内容：content ／⑥ A を B に翻訳する：translate A into B ／⑦噂：gossip ／⑧見過ごす：overlook ／⑨案件、問題：issue ／⑩多忙を極めた：hectic

不定詞は「形容詞＋ enough（十分～だ）」や、「too ＋形容詞（～過ぎる）」など
の副詞表現と一緒に用いることで、その「程度」を表すことができます。enough
to... や too... to といった表現は英語の教科書や、英会話教材などでもよく見る表現で
すが、見たことはあっても、いまいち使い方がわからないという方も少なくないのでは
ないでしょうか。しっかり音読して定着させましょう。

◀)) 18

① The movie was good enough to watch again.

② Martin's son must be old enough to tell good from bad.

③ Make sure the fonts in your slide deck are large enough for
everybody to read.

④ Well, I trust he is sensible enough not to do such a thing.

⑤ His English is not good enough for him to understand the
content of the seminar.

⑥ Ken was so kind as to help me translate the document into
English.

⑦ He is not so foolish as to take that office gossip seriously.

⑧ We should not be in such a hurry as to overlook details in
the project plan.

⑨ This issue is probably a little too challenging for him to handle.

⑩ It has been too hectic today for us to do anything more
than that.

解説　①enough to 以下は good の程度を表す／②enough to 以下は、old（年齢）の程度／③
for は to 以下の意味上の主語を表す／④enough to の否定形は to の前に not を置く／⑤文修飾の否
定の場合は主節（文の主役となる SV）の動詞に not をつける／⑥so ... as to で程度を表す。否定
文は⑦のように not so ... as to の形になる／⑧名詞を修飾する場合には such a ... as to の形を用
いる／⑨⑩too... to ～は「～するには…過ぎる」、「…し過ぎて～できない」の意味で、程度を表す

55

名詞的用法と仮主語について

　本書では、後置修飾に重きを置いて、前置詞の形容詞用法、及び副詞用法を扱ってきました。が、不定詞の大事な使い方はもう１つあります。みなさんにもなじみのある不定詞の「名詞的用法」です。一般的に「〜すること」と訳され、文中で、主語、目的語、補語などの位置に表れます。多くの場合で、動名詞（ing 形）に置き換えることも可能です。

　例えば：

I like to play the piano in my free time.
（暇な時間にピアノを弾くことが好きです）

To make yourself understood in a foreign language is difficult.
（外国語で言いたいことを理解してもらうのは難しいです）

などが代表的な使い方として挙げられます。特に２番目の例文の場合、主語にあたる不定詞の部分が長く、主節の動詞 is が出てくるのがだいぶ後になります。このような文の作り方は、学習者にとっては難しいことも多いでしょう。そこで、to を後に持ってきて、仮主語の it で文の骨格を先に言ってしまうことが多いのです。

It is difficult to make yourself understood in a foreign language.

　このように仮主語を活用することで、文の骨組みが先に構築されるため、話を組み立てていくことがグッと楽になります。

　さてこの文の中で、仮主語 it の表す本来の意味（真主語）として出てくるのが、to 不定詞です。これは it の意味内容を、後ろから補足的に説明しているという意味では、後置修飾と似たような役割を担っているという風に考えることもできそうです。

　仮主語も後置修飾も、日本語では見かけることのない文法の形ですので、最初のうちは戸惑ってしまうこともあるかもしれません。が、しっかり定着して使いこなせれば、英語を使用する際の強い武器になります。まさに、「手持ちの英語」を上手に活用する上で強い味方になってくれるでしょう。

3 の型

＋分詞

3の型 ＋分詞

　中学校の教科書で、不規則変化動詞の過去分詞を丸暗記したことが記憶に残っている方も少なくないでしょう。お経のように何度も唱えて覚えたので、大人になってからも speak-spoke-spoken、drive-drove-driven のように、案外口をついて言えたことで、驚いたという経験をしたこともあるのではないでしょうか。

　一方、分詞（ing 形の現在分詞と過去分詞）については、文法の形はわかっていても「使い所がわからなくて困った」という経験をしたことのある方も決して少なくはないようです。この章ではまず進行形、受身形、完了形といった、分詞が be 動詞や have などと結びつき、分詞が文の骨組みとして使われる場合を見ていきます。

■　■　■

　また分詞には、前置詞や to 不定詞と同じように、後置修飾として用いられる場合があります。

　時間や空間を表す前置詞や、目的や理由などを表す to 不定詞とは異なり、分詞による後置修飾はある名詞の動作や状態を表すのに用いられます。

　前置詞との比較のために、ここでも the man という名詞を例にとって、そこに分詞を接続させるということを考えてみましょう。まずは ing 形の現在分詞からです。

- **the man** drinking coffee
  コーヒーを飲んでいるその人

- **the man** speaking Spanish
  スペイン語を話しているその人

- **the man** presenting in good English
  上手な英語でプレゼンをしているその人

- **the man** fixing the printer over there
  向こうでプリンターを直しているその人

　いかがでしょうか。先述した前置詞の例と比べてみると、分詞を使った表現の方が、the man の動作が伝わってきて、よりダイナミックな描写になっていることがおわかりになるのではないでしょうか。

では、続いて過去分詞の表現を見てみることにしましょう。ing の現在分詞が動作を表しているのに対して、過去分詞は完了や受け身などの状態を表す場合がほとんどです。

- **<u>the meeting</u>** held on Tuesday
  火曜日に開かれた会議
- **<u>the meeting</u>** organized by the sales department
  営業部によって企画された会議
- **<u>the meeting</u>** postponed until next month
  来月まで延期になった会議
- **<u>the meeting</u>** conducted all in English
  すべて英語で行われた会議

　このように過去分詞形を用いた後置修飾では、動作よりも状態が表現されることが多いです。ただの the meeting という名詞単体が表す意味よりも、より具体的に、その輪郭が描き出されていることがわかるでしょう。

■　　■　　■

　さらに、分詞の使い方には「分詞構文」と呼ばれるものがあります。これは、必ずしも後置修飾とは限らず、文頭に現れることもあれば、文の中間あたりに挿入的に現れることもあります。

　とは言え、その本質は後置修飾と同じで、その表現が何を飾りつけているのか、何を補足説明しているのか、ということを見極めれば、分詞構文の表す意味は自ずと明らかになります。

　この章では、後置修飾の応用編ということで、文頭や文中に現れる分詞のカタマリ、つまり分詞構文についてもふれていきます。

　また、後半ではその応用編ということで、後に取り上げる接続詞とセットで現れる分詞の表現についてもふれていくことにします。

SV ＋現在分詞
（進行形）

① 私は今、ウェブ会議システムの使い方を勉強しているところだ。

② 私が会社を出た時、健は翻訳の作業中だった。

③ 明日のこの時間、私たちはオンラインワークショップに参加しているだろう。

④ トムと私は来週、京都に出張する予定です。

⑤ マーティンは東京近郊で新たな商業施設の開発に取り組んできている。

⑥ スーは来月で、この会社に勤続10年になる。

⑦ あなたが部屋に入ってきた時に、私たちはすでに15分待っていた。

⑧ ほら、向こうの人々はただおしゃべりをして時間を無駄にしているよ。

⑨ あなたはすぐに出発した方が良いですよ、でないとバスを逃しますよ。

⑩ ゲストを入れてあげるために誰かがドアのところで立っていなければなりません。

ヒント ①会議開催（会議を開くこと）：conferencing ／②〜に取り組む：work on....、翻訳：translation ／④出張：business trip ／⑤商業施設：commercial facility、郊外：suburb ／⑧〜して時間を無駄にする：waste time ...ing ／⑨でないと・さもなければ：otherwise

まずは、分詞の使い方として、現在分詞（〜 ing 形）の使い方を見ていくことにしましょう。be + ing の形は、「進行形」の名前でよく知られていると思います。この形では分詞は動詞の骨組みの一部として機能しています。まずは基本的な現在分詞の使い方を押さえていきましょう。

① I'm learning how to use the web conferencing system now.

② Ken was working on the translation when I left the office.

③ We'll be attending an online workshop at this time tomorrow.

④ Tom and I are going on a business trip to Kyoto next week.

⑤ Martin has been developing new commercial facilities in the suburbs of Tokyo.

⑥ Sue will have been working for this company for ten years next month.

⑦ We had been waiting for 15 minutes when you entered the room.

⑧ See, the people over there are just wasting time chatting.

⑨ You had better get going right away; otherwise, you'll miss the bus.

⑩ Someone must keep standing at the door to let the guests in.

解説　①be + ing で現在進行形、「今〜している」の意味／②be の過去形 +ing で、過去進行形、「〜していた」の意味／③will be + ing で、未来進行形、「〜しているだろう」の意味／④進行形の形は未来の意味を表すのにも使われる／⑤現在完了進行形、「ずっと〜している」の意味／⑥未来完了進行形、「（ずっと）〜していることだろう」の意味／⑦過去完了進行形、「〜しているところだった」／⑧現在進行形、「今〜している」／⑨⑩ get + ing、keep + ing でも進行形の意味を表せる

SV ＋過去分詞
（受身形）

① その説明書はやさしい英語で書かれている。

② このオフィスは極めて定期的に清掃されている。

③ この専門用語はどのように発音されるのだろうか。

④ 私たちは向こうに駐車してもいいのですか。

⑤ 繁華街に新しいオフィスビルが建設中だ。

⑥ 先週、古い家が取り壊し中だった。

⑦ 新しい契約がようやく両社によって承認された。

⑧ このセキュリティは先月更新してもらうべきだったのに（なされなかった）。

⑨ 健は会議に遅れるたびに、上司から毎回叱られている。

⑩ 以前の役員の一人が、年金の不正受給の疑いで逮捕された。

ヒント ②定期的に：regularly ／③専門用語：technical term、発音する：pronounce ／④〜してもさしつかえない：be allowed to... ／⑤繁華街、都心部：downtown ／⑥取り壊す：tear down ／⑦契約：contract、承認する：approve ／⑧更新する：update ／⑨叱る、叱責する：reprimand ／⑩逮捕する：arrest、〜の疑いで：on suspicion of...

進行形の次は、be 動詞＋過去分詞の形です。この形は、受け身の意味を表す「受動態」（受身形）と呼ばれます。過去分詞が文の骨格として使われています。また、受け身を表す形として、単純な be 動詞以外にも、受け身が使われる形がいくつかあります。例文を見て確認してください。

◀)) 20

① The instruction manual is written in simple English.

② This office is cleaned very regularly.

③ How is this technical term pronounced?

④ Are we allowed to park over there?

⑤ Some new office buildings are being built downtown.

⑥ The old houses were being torn down last week.

⑦ The new contract has finally been approved by both companies.

⑧ This security system should have been updated last month.

⑨ Ken gets reprimanded by his boss every time he comes late for a meeting.

⑩ One of the former executive officers got arrested on suspicion of pension irregularity.

解説　①②③ be+ 過去分詞で、受動態を作る。「～される」の意味／④ allow A to do の形を受動態にして、A is allowed to do の形を作る／⑤⑥ be being 過去分詞で、進行形の受動態、「～されているところだ」の意味／⑦⑧ have + been + 過去分詞で、「～されてしまった」の意味／⑨⑩ get + 過去分詞形でも受動態を作れる。「～される」の意味だが、be 動詞の受動態よりも、より一瞬の動作が強調されるニュアンスがある

SV +過去分詞
（完了形）

① 私たちは長年の知り合いです。

② スーは先週の金曜日から病床に伏せっている。

③ スティーヴは山梨に行ってきたところで、これから静岡に行きます。

④ 私たちはここへ来たことがあるんじゃないかな。私はあると思う。

⑤ これまでずっとウェブ会議は、対面のものよりも効果的ではないと思っていました。

⑥ そのオンライン会議にどのぐらい参加しているの。今朝からずっとですか。

⑦ 以前に連絡を差し上げてからずいぶん時間が経ちました。

⑧ 私が10分前にメールを受け取った時には、すでにそのウェビナーは始まってしまっていた。

⑨ 自分がミュートになっていることに気がつくまで1分間も話し続けてしまった。

⑩ 今から10年後には、現在のパンデミックは完全に落ち着いているだろう。

ヒント ②病床に伏せる、病気で寝込む：sick in bed ／④私は〜を確信している：I'm sure... ／⑤対面の：face to face ／⑦〜と連絡を取る：contact ／⑧ウェビナー：webinar。ウェブ上で開催されるセミナー／⑩落ち着く：settle down

文の骨組みとなる過去分詞の使い方として、受動態と並んで代表的なものに、完了形があります。have ＋過去分詞の形で用いられ、「経験」、「継続」、「完了」などの意味を表す時に使われます。ビジネスシーンでもたびたび登場しますので、例文を見て確認しましょう。

◀)) 21

① We've known each other for many years.

② Sue has been sick in bed since last Friday.

③ Steve has been to Yamanashi, and now he is going to Shizuoka.

④ Haven't we been here before? I'm sure we have.

⑤ I have always thought that web meetings are less effective than face to face meetings.

⑥ How long have you been in that online meeting? Since this morning?

⑦ It's been a long time since I last contacted you.

⑧ The webinar had already started when I received the e-mail ten minutes ago.

⑨ I had been talking for a full minute before I realized that I was muted.

⑩ I'm sure that, ten years from now, the current pandemic situation will have settled down completely.

解説　①②継続を表す現在完了。for や since など時間を表す前置詞句としばしば一緒に用いる／③④経験を表す現在完了。been は「行ったことがある」、gone にすると「行ってしまった」の意味で完了を表す／⑤ always などの副詞を用いて状態の継続を強調／⑥ how long ＋現在完了で、継続期間を尋ねる／⑦ it's been 期間 since... で「…以来ずっと〜している」という継続の強調表現／⑧完了を表す過去完了／⑨継続を表す過去完了⑩未来完了形。「〜してしまっているだろう」

SV名詞＋現在分詞
（後置修飾①）

① 彼をこれ以上待たせるな。

② こんなに長くお待たせしてしまって本当にごめんなさい。

③ 本当にこの古いパソコンを再起動できるのですか。

④ さあ、それでは始めましょう。

⑤ 彼が傲慢な話し方をするのは我慢ならない。

⑥ 彼がピアノを弾くのを聞いたことがある？　本当に弾けるのかしら。

⑦ 数年ぶりにアレクサンダーがチェロを弾いているのを見たよ。

⑧ 今朝目が覚めて、家が揺れているのを感じた。

⑨ 不審な人が建物に入るのをちょうど見かけた。

⑩ 驚くべきことに、デイヴィッドが会議室からこっそり抜け出したことに誰も気がつかなかったのだ。

ヒント　①もうこれ以上：any longer ／②Aに〜し続ける：keep A ...ing ／⑤傲慢に：arrogantly ／⑥〜かなと（疑問に）思う：I wonder if... ／⑦数年ぶりに：for the first time in a few years ／⑨不審な：suspicious ／⑩〜からこっそり抜け出す：sneak out of...

このセクションで取り上げる分詞は、SVOC（主語＋述語動詞＋目的語＋補語）で成り立つ第五文型のC（補語）の位置に表れる表現です。また分詞の直前に現れる目的語（名詞）とは、主語・述語の関係（ネクサス※）にあります。この表現をマスターすれば、英語で言えることのバリエーションがぐんと広がりますよ。

※ネクサスとは、意味の結びつきのことです。例えば、I found him interesting. の文章で、補語にあたる interesting は、目的語の him の性格を表す語として用いられています。この関係をネクサスを呼びます。

① Don't keep <u>him</u> waiting any longer.

② I'm really sorry to have kept <u>you</u> waiting so long.

③ Can you really get <u>that old computer</u> working again?

④ So, let's get <u>the ball</u> rolling.

⑤ I can't have <u>him</u> talking so arrogantly.

⑥ Have you ever heard <u>him</u> play the piano?
I wonder if he can really play.

⑦ I saw <u>Alexander</u> playing the cello for the first time in a few years.

⑧ This morning I woke up and felt <u>the house</u> shaking.

⑨ I just observed <u>a suspicious person</u> entering the building.

⑩ Surprisingly, nobody noticed <u>David</u> sneaking out of the meeting room.

解説　①② keep A ...ing の形で、「A を～させておく（状態）」の意味を表す／③④ get A ...ing の形で、「A を～にする」の意味／⑤ have A ...ing の形で、「A を～にしておく」／⑥ see、hear、feel などの知覚動詞＋A＋動詞の原形で、「A が～するのを知覚する」の意味だが、⑦のように ing を用いることで、「～しているのを知覚する」の意味になる／⑧ feel A ...ing で、「A が～しているのを感じる」の意味／⑨⑩知覚動詞のような形をしているが ing 以下は目的語を後置修飾している

SV名詞 ＋ 過去分詞（後置修飾②）

① 席の予約日を25日に変えておきます。

② 先日、親知らずを抜いてもらった。

③ 外国語で自分のことを理解してもらうのは難しい。

④ 私の上司はようやく社内のリモート会議システムを彼女のパソコンにインストールしてもらった

⑤ これが現地の言葉に翻訳されたパンフレットです。

⑥ ホワイトボードに書かれた質問をよく見てください。

⑦ SNSで拡散されたフェイクニュースを信じてはいけない。

⑧ インドネシアに出張している間にマーティンはタブレットPCを盗まれた。

⑨ できるだけ早く車を直してもらわないといけませんね。

⑩ ゲリラ豪雨のせいで私たちはイベントの開始を遅らせなければならなかった。

ヒント ①予約日：reservation date ／②親知らず：wisdom tooth ／③外国語：foreign language ／④社内の：in-house、リモート会議（ウェブ会議）：web conferencing ／⑤パンフレット：brochure ／⑧盗む：steal ／⑨直す、修理する：repaire ／⑩ゲリラ豪雨：torrential rain

現在分詞が補足説明をできるように、過去分詞にもまた同様の役割があります。現在分詞が「〜している」という能動的な動作を表すのに対し、過去分詞の方は「〜された」という受動的な状態（受け身や完了）を表します。文の構造をしっかり把握した上で、音読練習を通して知識を定着させてください。

① I'll have <u>the reservation date</u> changed to the 25th.

② I had <u>my wisdom tooth</u> extracted the other day.

③ It's hard to make <u>yourself</u> understood in a foreign language.

④ My boss finally got <u>the in-house web conferencing system</u> installed on her computer.

⑤ This is <u>the brochure</u> translated into the local language.

⑥ Please look carefully at <u>the questions</u> written on the whiteboard.

⑦ Don't believe "<u>fake news</u>" shared through social media.

⑧ Martin got <u>his tablet PC</u> stolen during his business trip to Indonesia.

⑨ You have to get <u>your car</u> repaired as quickly as you can.

⑩ We had to have <u>the opening of the event</u> delayed due to torrential rain.

解説　①②⑩ have ＋ A ＋過去分詞で、「A を〜された状態にする」の意味／③ make oneself understood で、「自分を理解してもらう＝自分を表現する」の意味／④⑧⑨ get ＋ A ＋過去分詞で、「A を〜された状態にする」の意味／⑤ translated 以下は brochure を後置修飾する／⑥ written 以下は questions を後置修飾する／⑦ shared 以下は fake news を後置修飾する

SV ＋現在分詞
（分詞構文①）

① その出版プロジェクトのことを考えながら、私は車を運転していた。

② 他の参加者が来るのを待ちながら、私は会議室で座っていた。

③ 次に何を言うべきかわからず、彼は黙っていた。

④ アレクサンダーは講堂に入ってきて、同僚と一緒にステージにまで上がった。

⑤ 私は新入社員に呼びかけ、彼女に自己紹介をするように促した。

⑥ メールをチェックしながら、健はデスクでランチを食べていた。

⑦ アキラはプレゼンのリハーサルをして、できるだけ原稿を読まないようにしていた。

⑧ 新しいガジェットの購入について独り言を言いながら、スティーヴが部屋に入ってきた。

⑨ 彼はカフェのソファーに座って、今日の新聞を読んでいた。

⑩ コーヒーを飲みながら、彼は資料に注意深く目を向けていた。

ヒント ①出版：publication ／②会議室：conference room、参加者：attendee ／③言うべきこと：what to say ／④講堂：auditorium、同僚：colleague ／⑤新入社員：recruit、自己紹介する：introduce oneself ／⑦リハーサルを行う：rehearse、～するのを控える：refrain from... ／⑧購入する：purchase、独り言を言う：talk to oneself

ここで紹介するのは、一般的には「分詞構文」として取り上げられることの多い分詞の使い方です。特にここでは、あるセンテンスの最後に置かれ、「付帯状況（〜しながら）」の意味を表す表現を多く取り上げます。この場合の現在分詞は、p.59 で述べたように、補足説明のような機能を果たします。書き言葉というよりも、むしろ話し言葉として見ることの多い表現です。ポイントを押さえた上で、音読練習をして定着させてください。

🔊 24

① I was driving my car, thinking about the publication project.

② I sat in the conference room, waiting for other attendees to come.

③ He remained silent, not knowing what to say next.

④ Alexander entered the auditorium, following his colleague up to the stage.

⑤ I called on a recruit, asking her to introduce herself.

⑥ Ken was eating lunch at his desk, checking e-mails.

⑦ Akira rehearsed his presentation, refraining from reading his script as much as possible.

⑧ Steve came into the room, talking to himself about purchasing a new gadget.

⑨ He was sitting on the sofa in the cafe, reading today's newspaper.

⑩ He was looking at the document carefully, drinking coffee.

解説　①② thinking、waiting 以下はそれぞれ、前文の付帯状況で「〜しながら」の意味／③付帯状況を表す分詞表現の否定形は ing の前に not を置く／④⑤ following、asking 以下は「その結果〜する」を意味する分詞表現／⑥現在進行形の ing と付帯状況の ing の混同に注意／⑦⑧ refraining、talking 以下は同時動作を表す／⑨⑩ reading、drinking 以下はそれぞれ付加情報を表すので「〜しながら」と訳せるが、①②の例文の付帯状況の文と比べて、ing 以下の部分の情報価値は低くなる

3の型：＋分詞

07

SV ＋現在分詞
（分詞構文②）

① 前方の事故を目の当たりにして、私は車を止めた。

② 台風が私たちが住む地域を直撃し、地場産業にダメージが出た。

③ 特にやるべきことがなかったので、私は昨夜は早く床に着いた。

④ まる一日精一杯取り組んで、彼は何とか補正予算案を完成させた。

⑤ 上層部はもっと在宅ワークを増やすことを決定したが、その理由は感染防止のための更なる対策を講じる必要があったからだ。

⑥ 角を左折すると、博物館が見えてきます。

⑦ ランサムウェアの攻撃が我々の会社のネットワークに命中し、システムダウンに追い込まれた。

⑧ 素早くランチを済ませた後、スーは書きかけだった勤務評定に取り掛かった。

⑨ 予想より仕事を早く終えたので、我々が子供たちをレストランに連れて行こうと私は提案した。

⑩ 外国人投資家は日本の株式市場に対して悲観的になりつつあり、結果、有名企業の株式をかなり売り飛ばしている。

ヒント

③特にやるべきことがない：have nothing special to do ／④何とか〜する：managed to....、補正予算案：budget amendment plan ／⑤上層部：top management、在宅ワーク：telework ／⑥左折する：take a left ／⑦ランサムウェアの攻撃：ransomware attack ／⑧勤務評定：performance review ／⑩悲観的な：pessimistic

次に紹介する「分詞構文」は、文の先頭に来ることもあれば、文の最後に来ることもあります。大事なのは分詞を含むカタマリは文の骨組みではなく、「理由や結果」など文全体の補足説明になっていることです。構造を理解した上で、しっかり音読の練習をしてください。

🔊 25

① Seeing an accident ahead, **I stopped my car.**

② **The typhoon hit our district,** causing some damage to local industries.

③ Having nothing special to do, **I went to bed early last night.**

④ Working hard the entire day, **he managed to complete the budget amendment plan.**

⑤ **Top management decided to increase telework,** the reason being that additional infection prevention measures were required.

⑥ Taking a left at the corner, **you'll see the museum.**

⑦ **A ransomware attack hit our company's network,** resulting in a system crash.

⑧ Having stopped for a quick lunch, **Sue returned to the performance review she had been working on.**

⑨ Finishing my work earlier than expected, **I suggested we take the kids out to a restaurant.**

⑩ **Foreign investors are becoming pessimistic about the Japanese stock market,** selling large portions of their shares in major companies.

解説 ①理由を表す分詞構文／②結果を表す分詞構文／③付帯状況を表す分詞構文／④理由を表す分詞構文／⑤理由を表す分詞構文。the reason being... は口語でも文語でも使うことのできる表現／⑥条件を表す分詞構文／⑦結果を表す分詞構文。result in...（〜の結果となる）／⑧付帯状況を表す分詞構文／⑨理由を表す分詞構文／⑩結果を表す分詞構文

SV ＋過去分詞
（分詞構文③）

① 遠くから見ると、そのオフィスビルはさなぎのように見える。

② ドローンから観察すると、この地域は大きな渦巻きのように見える。

③ 鎌倉の穏やかな空気に囲まれているので、この施設は我々のグローバルトレーニングのための間違いなく最善の選択だ。

④ このグローバルビジネスの教科書は、シンプルな英語で書かれていて、とても読みやすい。

⑤ 彼が最近直面している死活問題に比べれば、私の問題なんて大したことないように見える。

⑥ 以前のスタイルと比べると、健の最近のセールスのアプローチはとても磨きがかかっている。

⑦ 丘の上に建てられているので、このオフィスからは街の景色がよく見える。

⑧ スペイン語は、多くの国で話されているので、英語に加えて、学ぶととても役に立つ言葉だ。

⑨ 近年、急速に改良されているので、AI を利用した翻訳システムは近い将来、もっとずっと使いやすくなるだろう。

⑩ 批判的にかつ徹底的に分析されれば、この統計データは私たち全員にとってとても有益な情報となるだろう。

ヒント　①さなぎ：cocoon ／②大きな渦巻き：massive vortex ／③施設：facility ／⑤大したことがない：insignificant、死活問題：life-and-death issue ／⑥磨きがかかった：polished ／⑦〜の景色がよく見える：command a fine view of... ／⑨ AI を利用した：AI-based ／⑩批判的に：critically、徹底的に：thoroughly

現在分詞に続いて、過去分詞を用いた分詞構文も見ていきましょう。過去分詞を用いた分詞構文も文全体を修飾して「理由・結果・譲歩」などを表すためによく用いられます。過去分詞を使った分詞構文は口語表現としてはあまり多く用いられず、むしろビジネス文章などのような難しめの文章で用いられる場合がほとんどです。少し形式張った言い方のバリエーションを広げる意味で、音読を通して練習しましょう。

◀)) 26

① Seen from a distance, **the office building looks like a cocoon.**

② Observed from a drone, **this area looks like a massive vortex.**

③ Surrounded by the relaxing atmosphere of Kamakura, **this facility is by far the best choice for our global training event.**

④ **This global business textbook,** written in simple English, **reads very easily.**

⑤ **My problems seem insignificant** compared with the life-and-death issue he has been facing recently.

⑥ Compared to his earlier style, **Ken's current sales approach is very polished.**

⑦ Built on the top of a hill, **this office building commands a fine view of the city.**

⑧ Spoken in many countries, **Spanish is a very useful language to learn in addition to English.**

⑨ Greatly improved in recent years, **AI-based translation systems will be much more usable in the near future.**

⑩ Analyzed critically and thoroughly, **this statistical data will be very informative for all of us.**

解説 ①②条件を表す分詞構文、「〜から見られると（見ると）」の意味／③④理由を表す分詞構文。「〜されているので」の意味／⑤⑥ compared with / to... は、慣用句的な表現で「〜と比べると」の意味／⑦⑧理由を表す分詞構文。③④に比べると、一般的な理由を表している／⑨⑩結果や予想を表す分詞構文

SV ＋ with＋分詞
（分詞構文④）

① 目をキラキラさせて、アキラが綺麗な街並みを見ていた。

② 私の周りの大勢が大声で喋っていて、仕事のチェックに集中することができなかったよ。

③ 周りの人が見ている時は、アレクサンダーは日本語を話すのをためらってしまうんだ。

④ パソコンの電源を入れたまま寝てしまった。

⑤ 3時間に及ぶウェブ会議の最後に、部長がまぶたを細めてノートパソコンの画面とにらめっこをしていた。

⑥ デイヴィッドが腕を組み、しかめっ面をして私たちの前にたたずんでいた。

⑦ 少し期限を延ばしたらできそうですか。

⑧ 救急車が停車していて、赤色のライトが点滅していた。

⑨ ご自分が話をしていない時は、音をミュートにしてお聞きください。

⑩ ビデオをオフにしている参加者が多くて、私たちは多少がっかりした。

ヒント ①街並み：landscape ／②〜するのに集中する：concentrate on... ／③〜するのをためらう：hesitate to... ／④寝入る：fall asleep、電源を入れる：turn on ／⑤まぶた：eyelid、（目を）細める：droop ／⑥しかめっ面：frown ／⑦（期限などを）延ばす：extend ／⑧救急車：ambulance ／⑩消す、オフにする：turn off

ここでは分詞構文の中でも SV + with +分詞という、「付帯状況」と呼ばれる形を練習します。付帯状況では、ある動作や状態に、with +分詞で後から状況を補足説明します。現在分詞も過去分詞も、状況を後ろから細かく説明できる点では共通しています。しかし、現在分詞が「～している」という能動の意味を表すのに対して、過去分詞の方は「～された」という受動の意味を表すのが主な違いです。文の構造をしっかり把握した上で、音読練習を通して知識を定着させてください。

🔊 27

① Akira looked at the beautiful landscape with his eyes shining.

② I couldn't concentrate on checking my work with so many people around me talking loudly.

③ Alexander hesitates to speak Japanese with other people looking at him.

④ I fell asleep with my computer turned on.

⑤ At the end of the three-hour web conference, the manager was looking at his computer screen with his eyelids drooping.

⑥ David stood in front of us with his arms folded and with a frown on his face.

⑦ Can you possibly get it done with the deadline extended a bit?

⑧ An ambulance was parked with its red lights flashing.

⑨ Please make sure to listen with your sound muted when you're not speaking.

⑩ We were a little disappointed that so many people participated with their video turned off.

解説　①②③⑤⑧ with A + …ing（現在分詞）で、付帯状況を表す表現／④⑥⑦⑨⑩ with A +過去分詞で、付帯状況を表す表現／⑨ mute はウェブ会議システムなどでマイクをオフにする際に使われる表現／⑩この video はウェブ会議ソフトのカメラのことを指す

SV＋接続詞＋分詞
（分詞構文⑤）

① イギリスに滞在している間、たくさんの面白い経験をした。

② 英語でレポートを書く時はスペルチェック機能を使ってください。

③ メルボルンに滞在している間にすごいミュージシャンの人と知り合った。

④ スティーヴは、どうやらお客さんに印象付けることはできたが、契約を取ることはできなかった。

⑤ パリにいる間に、我々のチームは顧客のオフィスに訪問した。

⑥ この教科書は、一度通して読めば、ずっと記憶に残るものとなるでしょう。

⑦ 同じフロアで仕事をしているが、ボブと健は互いに滅多に会わない。

⑧ 今すぐ出発しなければ約束に遅れてしまうよ。

⑨ 1日一生懸命働いて、アレクサンダーは疲れ果てているようだ。

⑩ ウェブ会議室に入るとすぐ、ほとんど人がいないことがわかった。

ヒント ①経験：experience ／②スペルチェック機能：spell-checker function ／④契約を取る：get a contract ／⑤顧客：customer ／⑥～の記憶に残る：remain in one's mind ／⑦滅多に～しない：seldom ／⑨疲れ果てた：exhausted

分詞構文は接続詞のような役割をすることでよく知られていますね。他方、意味が曖昧になってしまう場合もあります。そこで、誤解がないように正しく文意を伝えたい重要な文章などでは、接続詞を明示して分詞とセットで用いられます。こうすることで、分詞構文が「理由」を表すのか、「時」を表すのかなどがハッキリするわけです。ここではビジネスでよく用いられる表現を紹介します。

◀)) 28

① We had a lot of interesting experiences while staying in the U.K.

② Please use the spell-checker function when preparing the report in English.

③ While living in Melbourne, I came to know some great musicians.

④ Though apparently impressing his client, Steve wasn't able to get the contract.

⑤ While staying in Paris, our team paid a visit to our customer's office.

⑥ This textbook, once read thoroughly, will remain in your mind forever.

⑦ Although working on the same floor, Bob and Ken seldom see each other.

⑧ You'll be late for the appointment unless leaving right away.

⑨ After working hard all day, Alexander looks exhausted.

⑩ I saw there were only a few people present as soon as entering the web meeting room.

解説　①③⑤ while ...ing で、同時動作を表現する、「〜しながら」／② when「〜の時」という意味で、while の方が同時動作を表すニュアンスが強い／④ though は譲歩を表す表現で、「〜にもかかわらず」の意味／⑥ once は「ひとたび〜すると」の意味／⑦ although は④と同じく譲歩を表す表現で、文語表現でよく使われる／⑧ unless は「もし〜がなければ」の意味を表す／⑨ after は「〜の後」を表す／⑩ as soon as でひとつの接続詞表現。「〜するとすぐに」の意味

SV ＋分詞
（慣用表現）

① 他の条件が一緒なら、価格の違いは決定的だろう。

② これ以上反対意見が出なかったので、企画はようやく通った。

③ すべてのことを考慮して、この案は軽微な修正を加えて採用されるべきという結論になりました。

④ 送料込みで、その書籍を 25 ドルで送ってくれる。

⑤ そう言えば、新任の主任のために歓迎会をやる予定をもう立てたんでしたか。

⑥ 厳密に言えば、この手のハラスメントは倫理的な問題でもあり、かつ差別的な問題でもある。

⑦ 履歴書から判断すると彼はこのポジションには経験不足のように見える。

⑧ 彼が言ったことが正しいとしたら、それでもこれがベストな選択肢だとあなたは思いますか。

⑨ とは言ったものの、個人的にはあなたの意見は費用対効果の観点から現実的だと思います。

⑩ 実用的な異文化コミュニケーションのために私が言えることは「あなたが外国人であることを踏まえて、ローマにいる時はローマ人があなたに期待する振る舞いをすること」ということです。

ヒント　①決定的：decisive ／②企画、提案：proposal ／③軽微な修正：minor change ／⑤歓迎会：welcoming party ／⑥倫理：ethics、差別：discrimination ／⑦履歴書：resume ／⑧彼が言ったこと：what he said ／⑨現実的：practical、費用対効果：cost-benefit、観点：perspective

分詞を用いた表現には形式張ったものが多く、慣用句的に使われるものも多くあります。ここでは、今までのセクションで紹介し切れなかったが、ぜひ覚えておきたい分詞の慣用句表現をまとめました。何度も音読し、口に出して練習してみてください。

🔊 29

(1) Other things being equal, **the difference in price should be decisive.**

(2) There being no further disagreement, **the proposal was finally accepted.**

(3) All things considered, **we concluded that this plan should be accepted with some minor changes.**

(4) They will send you the book for 25 dollars, postage included.

(5) Speaking of which, **have we organized a welcoming party for the incoming manager?**

(6) Strictly speaking, **this type of harassment is both an ethics issue and a discrimination issue.**

(7) Judging from his resume, **he doesn't seem experienced enough for this position.**

(8) Supposing that what he said is true, **do you think this is still the best choice?**

(9) Having said all that, **I personally think your opinion sounds very practical from the cost-benefit perspective.**

(10) For effective intercultural communication, I would say, "When in Rome, do as the Romans would expect you to do given that you're a foreigner."

解説　①条件を表す／②理由を表す／③定型表現的で、条件を表す／④⑤⑥定型表現的で、それぞれ「〜を含めると」、「そう言えば」、「厳密に言えば」という意味／⑦ judge from は「〜から判断すれば」という条件を表す／⑧条件を表す／⑨譲歩を表す表現／⑩ given は「〜ということを踏まえて」と訳す

SV
＋ing形（分詞／動名詞）

① デイヴィッドは昨晩ライニングをしに行った。

② デイヴィッドは私のところに走ってやって来た。

③ オーディエンスは熱心に聞き続けていた。

④ オンラインで参加している聴衆が多数いた。

⑤ 近所の人はこの街に住むことを本当に楽しんでいる。

⑥ この街に住んでいる人はみな思いやりがある。

⑦ その女性はどうやら大きなスーツケースを運ぶのに苦労していた。

⑧ 1人の女性が大きなスーツケースを持って正面玄関から出てきた。

⑨ 明らかに新任の主任は英語で意見を言うことが得意ではないようだ。

⑩ 私はそのシステム技師が英語をとても流暢に話しているのを聞いた。

ヒント　①ランニンしに行く：go running ／③聞き続ける：continue listening、熱心に：eagerly ／④聴衆：audience、参加する：participate ／⑤近所：neighborhood、住むのを楽しむ：enjoy living ／⑥思いやりがある：considerate ／⑦〜することが大変：have trouble ...ing ／⑨〜することが得意な：be good at... ／⑩流暢に：fluently

ここまで「＋分詞」の「型」を見てきましたが、動詞の ing 形には分詞の他にも「動名詞」があります。動名詞は動詞の後ろに置かれ、主にその動詞の目的語として名詞の役割を果たし、「～すること」と訳されます。他方、分詞の場合は、文の最後に置かれたとしても、動詞の目的語などの名詞としての役割を果たしません。前半部や後半部の補足説明として動詞や名詞を修飾します。この章の最後に、この2つの違いをしっかり見極められるように音読練習しましょう。

① David went running last night.

② David just came running up to me.

③ The audience continued listening eagerly.

④ We had a large audience participating online.

⑤ People in my neighborhood really enjoy living in this town.

⑥ The people living in this town are all considerate.

⑦ The woman apparently had trouble carrying her big suitcase.

⑧ A woman came through the front gate carrying a big suitcase.

⑨ Obviously, the incoming chief is not good at presenting his ideas in English.

⑩ I heard the system engineer speaking English very fluently.

解説　①go ...ing は動名詞の表現／②付帯状況を表す現在分詞／③ continue の目的語になる動名詞の ing ／④ audience の状態を表す現在分詞／⑤ enjoy という動詞の目的語になる動名詞／⑥ people を補足説明している現在分詞／⑦ trouble を修飾する現在分詞の ing 形／⑧前半部を修飾し、付帯状況を表す現在分詞／⑨ at という前置詞の目的語にあたる動名詞の ing 形／⑩ hear A ...ing の形で、補語になる現在分詞

動名詞と現在分詞の見分け方について

多くの英語学習者が戸惑ってしまう文法事項に、一見同じ形をしているように見えるのに、文法的な働きが異なるものが挙げられます。その代表例と言えるのが、動名詞と現在分詞です。両者ともingの形をしているので、どっちが動名詞で、どっちが現在分詞なのか、目でパッと見極められないと言う方も決して少なくないのではないでしょうか。

それでは、クイズです。以下の2文のing形は、それぞれどちらにあたるものでしょう。

His hobby is collecting old stamps.
Walking along the street, I came across my university classmate.

1つ目の例文のing形は、be動詞の後にあるということで、すぐに現在分詞と判断してしまった方がいるかもしれませんが、これは実は動名詞です。この文章の意味は、「彼の趣味は古い切手を集めることです」、という意味です。ing形は「〜すること」と訳すことができ、be動詞(is)の補語の位置にあたる名詞です。名詞の役割を担っているわけですから、これは現在分詞ではなく、動名詞が正解です。

他方、2つ目の例文は「通りを歩いていて私は大学時代の同級生に出会った」という意味です。文の一番最初に、ing形が来ているから、「これは主語だろう」という風に判断するのは早合点なのです。このing形は、付帯状況を表す分詞構文です。ですから、文全体の中では副詞の役割を担っています。

現在分詞と動名詞の違いを見極める際には、「どのように訳されるか」ということももちろん大事なのですが、それと同時に、「文の中でどの品詞の役割を担っているのか」を見極めることがポイントになります。動名詞は「名詞」の役割（主語・補語・目的語）、現在分詞は形容詞または副詞の働きをし、主に修飾語としての役割を担います。

音読練習を多く積んでいくことで、以上の点を判断するための直感が磨かれていきます。音読練習の際には文やそれぞれの単語の意味を考えるだけではなく、今自分が読んでいる単語は文の中でどういう役割を担っているのかをしっかり考えながら取り組んでみてください。

4の型

+関係詞

4の型 ＋関係詞

　英語の参考書で、関係詞のセクションになると「とたんにわかりづらくなって挫折してしまった」という経験のある方も決して少なくはないのではないでしょうか。

　関係詞は、2つのセンテンスを同時に扱わなければならないという思い込みから、学習の負荷が大きいと感じている方も多いようです。

　実は、関係詞の表現も、「後置修飾」という観点から捉え直してみると、意外とその本質がつかみやすいかもしれません。前置詞や不定詞のように、意味のカタマリ全体で、その前の名詞を補足説明することが、その役割です。

■　　■　　■

　またおなじみの the man という名詞を例にとって、そこに関係詞のカタマリを接続させるということを考えてみましょう。前置詞や不定詞、分詞の時と違い、文の形で接続させることができるので、表現のバリエーションもさらに大きくなります。

- **<u>the man</u>** who is drinking coffee at the cafe
  カフェでコーヒーを飲んでいるその人

- **<u>the man</u>** who speaks really good Spanish
  スペイン語を本当に上手に話すその人

- **<u>the man</u>** who did a presentation in good English yesterday
  昨日上手な英語でプレゼンをしたその人

- **<u>the man</u>** who we have just asked to fix the printer over there
  向こうでプリンターを直してくれるように私たちがちょうど頼んだその人

　いかがでしょうか。前置詞・不定詞・分詞を使った表現よりも空間的・時間的などの意味で、広がりが出てきたことがわかります。

　カタマリの中に really などの強調表現を入れたり、yesterday などの時間を表す言葉や、over there などの場所を表す言葉が入るのは分詞の時と一緒です。他方、この例文では、is drinking などと進行形を作ったり、did などの言葉で過去を表したり、have just asked などの現在完了形も使えますから、より具体的な意味を表すことができるようになります。

では、続いて which という「モノ」を表す表現を見てみましょう。

- **the meeting** which is held on Tuesdays
毎週火曜日に開かれる会議

- **the meeting** which was organized by the sales department
last week　先週、営業部によって企画された会議

- **the meeting** which is likely to be postponed until next month
来月まで延期になるかもしれない会議

- **the meeting** which we conducted all in English
私たちがすべて英語で行った会議

who の例でも見た通り、which の例でも、is や was のような時制を表す言葉を使うことで、それが現在の習慣なのか、過去の事実なのか、はたまた未来のことなのかをハッキリ言い表せるのが関係詞のいいところです。

who と which の両方の機能を持った関係詞 that も、会話表現ではよく用いられます。先行詞（関係詞が修飾する名詞のカタマリ）が人なのかモノなのかにかかわらず、広く使えるのが that のいいところです。

またこの章では、全体で名詞のカタマリを作り、先行詞を必要としない関係詞 what、節中が完全文となる関係副詞 where、when、no matter 関係詞、関係詞 -ever（複合関係詞）など、関係詞を含む例文を集中的に紹介していきます。

音読練習の際には、どこが先行詞なのか、どこまでが関係詞のカタマリになっていて、後置修飾しているのかを考えながら口を動かす練習をしてみるとさらに効果的です。

これまで見てきた、前置詞と組み合わせた関係詞や、to 不定詞と組み合わせた関係詞なども登場します。複雑に思われるかもしれませんが、その本質を見極めるには、どの名詞をどういう役割で後置修飾しているのかををしっかり見極めることです。関係詞をものにして、明日から使える英語表現をたくさん身につけましょう。

87

SV名詞
+ who

① 私は英語をとても上手に話せる人を知っている。

② 彼が、私があなたに話したその人です。

③ 彼は、私がカフェテリアで見たその人ではありません。

④ 我々はマルチリンガルの人をさらに数人採用したいと思っている。

⑤ ネットワーク構築の経験がある人を誰か知りませんか。

⑥ あのデスクで仕事をしている女性がリサです。

⑦ 夜勤が可能な人はこのオフィスにはあまりいない。

⑧ 大きな街に住んでいる人の方が、多くのビジネスチャンスに恵まれる傾向があります。

⑨ 我々が昨日会った男性が、新任の主任だったのです。

⑩ ここに遅くまで残りたい人たちはどうぞそうしてください。

ヒント ④マルチリンガルの、複数の言語を話すことができる：multilingual ／⑤ネットワーク構築：network engineering ／⑦夜勤で働く：work a night shift ／⑧ビジネスチャンス：business opportunity ／⑨新任の、後任の：incoming ／⑩遅くまで残る：stay until later

関係代名詞の who は、人を表す関係代名詞で、前の名詞に対する付加情報を示すのに用いられます。中学校の教科書でもおなじみの文法表現ですが、実際のビジネスのシーンではどのような場面で用いられるのか、例文を見ながら一緒に考えてみましょう。

① I know <u>someone</u> who speaks English very well.

② He is <u>the guy</u> who I told you about.

③ He isn't <u>the one</u> who I saw in the cafeteria.

④ We want to hire <u>a few more employees</u> who are multilingual.

⑤ Do you know <u>anyone</u> who is experienced in network engineering?

⑥ <u>The lady</u> who is working at the desk **is Risa.**

⑦ There are <u>few people in this office</u> who can work a night shift.

⑧ <u>People</u> who live in bigger cities **will have more business opportunities.**

⑨ <u>The gentleman</u> whom / who we met yesterday **was the incoming chief.**

⑩ <u>Those</u> who want to stay here until later **may do so.**

解説　　① speak の主語の役割／② about の前置詞の目的語の役割／③ saw の目的語の役割／④ are の主語の役割／⑤ is experienced の主語の役割／⑥ is workig の主語、文中に関係詞節を挿入／⑦ can work の主語の役割／⑧ live の主語の役割で、文中に関係詞節を挿入／⑨ meet の目的語で、文中に関係詞節を挿入、whom とするとより形式張った言い方／⑩ Those who... で「〜の人たち」と訳されているが、実際は who は want の主語で those を修飾

SV名詞
+ which

① これが、去年リノベをした私たちの新しいオフィスです。

② 机の上にあった USB メモリーを見ましたか。

③ 昨日見せてくれた機材の名前は何でしたか。

④ お隣りの人が、500 ドル近くする新しい通勤用の自転車を買った。

⑤ デイヴィッド、あなたはいつも答えるのがとても難しい質問をしますね。

⑥ あなたの会社には家に持ち帰ることのできるノートパソコンはありますか。

⑦ このソフトが、私たちがいつも使っている機械翻訳プログラムです。

⑧ 国立技術博物館は、私が長年訪れたいと思っているところです。

⑨ これが、この地域の住民に水を供給している貯水タンクです。

⑩ スーは前任者と違って理想的なマネージャーだと思います。

ヒント ①リノベ（ート）する：renovate ／③機材：gadget ／④お隣りの人：neighbor、通勤する：commute ／⑥ノートパソコン：laptop computer ／⑦機械翻訳：machine translation、使っている、頼りにしている：rely on ／⑨貯水槽：reservoir、住人：resident ／⑩前任者：predecessor

次は、ものを表す際に用いられる関係代名詞の which を見てみましょう。who と同様に、which も口語表現などでは that に置き換えらることが多いです。関係代名詞が具体的にどの名詞を修飾しているのかをしっかり見極めながら、音読練習をしてみましょう。

🔊 32

① This is <u>our new office</u> which was renovated last year.

② Did you see <u>the USB memory stick</u> which was on the desk?

③ What was the name of <u>the gadget</u> which you showed me yesterday?

④ My neighbor bought <u>a new commuting bicycle</u> which cost him almost 500 dollars.

⑤ David, you always ask <u>questions</u> which are very difficult to answer.

⑥ Does your company have <u>a laptop computer</u> which you can bring home?

⑦ This software is <u>the machine translation program</u> which we usually rely on.

⑧ The National Engineering Museum is <u>a place</u> which I have long wanted to visit.

⑨ This is <u>the reservoir</u> which provides water for residents of this area.

⑩ I think Sue is <u>an ideal manager</u> which her predecessor was not.

解説　①was renovated の主語の役割／②was の主語の役割／③showed の直接目的語の役割／④cost の主語の役割／⑤are の主語の役割／⑥bring の目的語の役割／⑦rely on の前置詞の目的語の役割／⑧visit の目的語（場所を表す関係詞は必ず where になるわけではないので注意）／⑨provides の主語の役割／⑩was (not) の補語の役割、先行詞は manager なので who としたくなるが、職位などの概念を表すものについては which を用いる（フォーマルな言い方）

SV名詞
+ that

① 今プレゼンをしている男性について何か知っていますか。

② 大人に最適の保護メガネを我々は売っています。

③ 数日前にあなたがおっしゃっていた本のタイトルは何でしたか。

④ 私たちは傲慢な人が好きではないが、今の彼がまさにそれだ。

⑤ あ、ぼくは君が持っている USB バッテリーと同じのを持ってるよ。

⑥ 彼女はずっと待っていた、まさにそのメールをついに受け取った。

⑦ 残念なことに、あれが今回、我々の規約に対して施される唯一の変更点だ。

⑧ 私たちのビジネスが追求している、最もシンプルでかつ重要なテーマは、知的好奇心です。

⑨ あなたの耳に入るすべての職場の噂話を信じるな。

⑩ 今日あなたが読むメールはどれも、CEO の辞任の話で持ちきりだろう。

ヒント ①プレゼンする：present ／②保護メガネ：protective glass ／③言う、言及する：mention、数日前に：a couple of days ago ／④傲慢な：arrogant ／⑤ USB バッテリー：USB power bank ／⑦残念なことに：unfortunately、規約：bylaw ／⑧知的好奇心：intellectual curiosity ／⑨噂話：gossip ／⑩辞任する：step down

関係代名詞の who と which は、特に口語表現の中では、that に置き換えて使われることも多いです。口語では who や which の方が形式張った言い方に聞こえる場合もあり、that の方が堅くなく、よりナチュラルな表現に聞こえたりします。文中でもしばしば弱音化して発音されますが、ここではその that を使った「型」をぜひしっかり音読練習しましょう。

🔊 33

① Do you know anything about <u>the gentleman</u> that is presenting now?

② We sell protective <u>glasses</u> that are suitable for adults.

③ What was <u>the title of the book</u> that you mentioned a couple of days ago?

④ We dislike <u>the arrogant man</u> that he is now.

⑤ Oh, I have <u>the same USB power bank</u> that you have.

⑥ She finally got <u>the e-mail</u> that she had been waiting for.

⑦ Unfortunately, that's <u>the only change</u> that will be made to our bylaws this time.

⑧ <u>The simplest but most fundamental theme</u> that our business is pursuing is intellectual curiosity.

⑨ Don't believe <u>all the office gossip</u> that you hear.

⑩ <u>Any e-mail</u> that you read today will be all about the CEO's stepping down.

解説　①is presenting の主語の役割、who も可／② are の主語の役割、which も可／③ mentioned の目的語、which よりも that の方が自然／④ is の補語の役割で、who/which は不可／⑤ have の目的語、which は不可／⑥ waiting for の前置詞の目的語、which よりも that の方が自然／⑦ will be made の主語で、which は不可／⑧ is pursuing の目的語で、文中に関係詞節を挿入／⑨ hear の目的語で which よりも that の方が自然／⑩ read の目的語で、文中に関係詞節を挿入、which よりも that の方が自然

SV（名詞）
，関係詞

① マイクには娘がおり、インターナショナル・スクールに通っている。

② ダニーはついに禁煙をしたと言ったが、それは本当だった。

③ 彼が、あなたが担当することになっている、新しいインターン生です。

④ その白髪の紳士は、私たちが昨日会った方ですが、私たちの公認会計士だったのです。

⑤ 中島さんは、今は台湾に拠点がありますが、彼も合流します。

⑥ 彼は問題を解決しようとしたが、それは不可能だった。

⑦ 新任の技術主任は、奥様がピアニストなのですが、歌がとてもうまいのです。

⑧ メアリー・ジョーンズは、先週のプレゼンがすばらしかったので、チームリーダーに昇格することになりました。

⑨ あのビジネス英語の教科書は、アレクサンダーが我々に勧めてくれたものだが、とても実用的で示唆に富むものだ。

⑩ 彼はコンサルタントの手本で、私は将来そのような人になりたい。

ヒント　②禁煙する：stop smoking ／③〜を担当して：in charge of... ／④公認会計士：certified public accountant ／⑤合流する、参加する：join ／⑦新任の、後任の：incoming ／⑧すぐれた、傑出した：outstanding、昇進させる：promote ／⑨実用的な：practical、示唆に富む：insightful ／⑩手本となるような、傑出した：outstanding

関係代名詞の who や which にコンマ（,）をつけて用いる場合があります。コンマなしの場合と比較すると、こちらの方がより付加的情報や補足説明などのニュアンスが強くなります（より文法的な説明が必要な方は、拙著『仕事で使える英文法』を合わせてご覧ください）。なお that はコンマ付きで用いることはできませんので注意してください。

🔊 34

① Mike has <u>a daughter,</u> who goes to an international school.

② Danny said he finally stopped smoking, which is true.

③ He's <u>the new intern,</u> who(m) you're in charge of.

④ <u>The gentleman with gray hair,</u> who(m) we met yesterday, was our certified public accountant.

⑤ <u>Mr. Nakajima,</u> who is based in Taiwan now, is joining us, too.

⑥ He tried to solve the problem, which was impossible.

⑦ <u>The incoming engineering manager,</u> whose wife is a pianist, is a great singer.

⑧ <u>Mary Jones,</u> whose presentation last week was outstanding, is being promoted to team leader.

⑨ <u>That business English textbook,</u> which Alexander recommended to us, looks very practical and insightful.

⑩ He is <u>an outstanding consultant,</u> which I really want to become in the future.

解説 ① goes の主語の役割／② is の主語で、先行詞は前半の文すべて／③ in charge of の前置詞の目的語の役割／④ met の目的語の役割で、文中に関係詞節を挿入／⑥ was の主語の役割で、先行詞は前半の文すべて／⑦ wife の所有代名詞の役割（his）、文中に関係詞節を挿入／⑧ presentation の所有代名詞の役割（her）、文中に関係詞節を挿入／⑨ recommended の目的語の役割、文中に関係詞節を挿入／⑩ become の補語の役割、職位などの概念を表す場合には who にはならない

SV
＋関係詞の省略

① アンディーは私たち全員が一緒に働きたかった人です。

② これが、昨日アキラが直してくれた印刷機です。

③ 我々が昨日見た説明のビデオは、とても複雑だった。

④ 私が持ったことのあるベストなスマホは、明らかにこれです。

⑤ 私たちが空港で会った男性は、とても有名なオーストラリア人のアーティストでした。

⑥ 懇親会で話をしていた営業の人は、私には違った内容を話してくれましたよ。

⑦ 私は初めその手のサービスについて、実際のところとは違ってまったく間違った印象を抱いていた。

⑧ マーティンは、私が考える、最も我々に嘘をつかないであろう人です。

⑨ 私たちのVRを利用した遠隔通信サービスに関して私たちに相談したがっているクライアントがいます。

⑩ 全員が、新しいAIベースの機械翻訳サービスを使いこなせるわけではないのです。

ヒント ③とても複雑な：**super complex** ／⑥営業の人、セールスマン：**sales rep**。rep は representative の略、懇親会：**reception** ／⑦初めは、最初は：**initially** ／⑧最も〜しそうにない人：**the last person** ／⑨VR を利用した：**VR-based**、遠隔通信、電気通信：**telecommunication** ／⑩機械翻訳：**machine translation**

関係代名詞の who(m)、which、that は、主に目的格の場合などで、特に口語表現では省略されることがあります（[ ] は省略可能であることを表します）。一見したところ、接続詞のない不思議な文章に見えるかもしれませんが、その違和感はまさに「省略が起こっていること」の証拠に他なりません。文章構造をしっかり把握した上で、音読練習をしましょう。

🔊 35

① Andy is <u>the one</u> [who(m)] we all wanted to work with.

② This is <u>the printer</u> [that] Akira fixed yesterday.

③ <u>The instruction video</u> [which / that] we watched yesterday was super complex.

④ <u>The best smartphone</u> [that] I've ever had is obviously this one.

⑤ <u>The man</u> [who(m)] we saw at the airport is a very famous Australian artist.

⑥ <u>The sales rep</u> [who(m)] I was talking with at the reception told me a different story.

⑦ Initially, I had a totally inaccurate understanding of the sort of service [that] it actually is.

⑧ Martin is <u>the last person</u> [who] I thought would lie to us.

⑨ There is <u>a client</u> [who] wants to consult with us about our VR-based telecommunication service.

⑩ It is not <u>everyone</u> [who / that] can gain a perfect command of the new AI-based machine translation service.

解説　① work with の前置詞の目的語の役割で関係詞は省略可／② fixed の目的語の役割で省略可／③ watched の目的語の役割で省略可／④ had の目的語の役割で省略可、文中に関係詞節を挿入／⑤ saw の目的語の役割で省略可、文中に関係詞節を挿入／⑥ taking with の目的語の役割で省略可、文中に関係詞節を挿入／⑦ is の補語の役割で省略可／⑧ would lie の主語の役割で省略可、I thought は挿入的／⑨ wants の主語の役割で省略可／⑩ can gain の主語の役割で省略可、強調構文

SV + what

① 心配ないよ。彼はいつも自分のやることがなんであるのか理解しているから。

② 今頭で思っていることを教えてよ。

③ 今は、私たちは本当に大事なことだけを話し合わなければならない。

④ 午後、CEO が話すことを注意深く聞いておいてください。

⑤ これは私たちが購入しようと思っていたものでは決してありません。

⑥ この USB メモリーに入っているデータは、私がずっと探していたものです。

⑦ 新しいデザインのソフトこそが、我々のオフィスに今最も必要なものだ。

⑧ お客さんが興味があるのは私たちが何をしてきたかであって、私たちが何ができるか、ではないのです。

⑨ 彼らの商品は以前のものとはかなり違うね。

⑩ スティーヴの多大なサポートがあったから、今の私がある助けとなった。

ヒント ②（人）の頭（の中）をよぎる：go through someone's mind ／③本当に大事なこと：what really matters ／⑤購入する：purchase ／⑧お客さん、顧客：customer ／⑨商品：product、～と違う：be different from... ／⑩多大な：tremendous、今の私：what I am today

関係代名詞の what もよく用いられますが、名詞＋ who / which という「型」を取る who や which とは違って、名詞がなくても単独でカタマリを作り出すことができます（拙著『仕事で使える英文法』も参照）。what は「〜のもの」「〜すること」と訳され、名詞のカタマリとなって文の骨格を担う関係代名詞です。ビジネス表現でもよく使われますので、しっかり音読を通して知識を定着させてください。

◀)) 36

① No worries. He always knows what he needs to do.

② Do tell me what's going through your mind now.

③ Right now we need to discuss only what really matters.

④ Please listen carefully to what the CEO talks about this afternoon.

⑤ This is not at all what we wanted to purchase.

⑥ The data set in this USB memory stick is what I've been looking for.

⑦ New design software is what we need the most in our office now.

⑧ Our customers are interested in what we've actually done, not what we're capable of doing.

⑨ Their product is very different from what it used to be.

⑩ Steve's tremendous support has helped make me what I am today.

解説　① do の目的語の役割で、かつ主節 knows の目的語／② is going の主語で、主節 tell の目的語／③ matters の主語で、主節 discuss の目的語／④ talks about の前置詞の目的後で、主節 listen to の前置詞の目的語／⑤ purchase の目的語で、主節 is (not) の補語／⑥ looking for の前置詞の目的語で、主節 is の補語／⑦ need の目的語で、主節 is の補語／⑧それぞれ done / doing の目的語で、主節 interested in の前置詞の目的語／⑨ used to be の補語で、主節 different from の前置詞の目的語／⑩ am の補語で、主節 make の補語

99

SV名詞

+ where

① これが以前、我々のオフィスがあった通りです。

② 正直さが報われないケースがビジネスではある。

③ このプランが成功するかどうかは、どこから取り掛かるかにかかっているだろう。

④ その分岐点で道を間違ったということはない。

⑤ まずはドバイまで飛び、そこでトランジットをしてロンドン行きのフライトに乗ります。

⑥ あの中華料理店でディナーをしませんか、そこなら本場の四川料理を食べられますよ。

⑦ ダニーは数年前にメルボルンに戻り、そこで MBA を取得する予定だった。

⑧ そのオフィスは私がクライアントと会いに行った場所ではない。

⑨ 私がステージに立っていた位置からアレクサンダーが見えた。

⑩ 我々がレンタカーを止めていたところから数ヤードのところで、何かが突然爆発した。

ヒント ①以前～していた：used to... ／②報われる：pay ／③～にかかっている：depend on... ④道を間違う：go wrong ／⑤トランジットする：transit ／⑥本場の：authentic ／⑦（資格などを）取得する：earn ／⑩爆発する：explode、止める、駐車する：park where は関係副詞と呼ばれます。場所を表すもので、コンマ付きで用いられる場合もあります。先行詞となるのは、場所を表す名詞です。英会話教材などでもよく見かけますが、いまいち使い所がわからないという方は、例文の音読を通してしっかり使えるように練習しましょう。

37

① This is <u>the street</u> where our office used to be.

② There are <u>cases in business</u> where honesty doesn't pay.

③ The success of the plan will depend on <u>the place</u> where you begin.

④ That's not <u>the point</u> where we went wrong.

⑤ We will first fly to <u>Dubai,</u> where we will transit to a flight to London.

⑥ How about having dinner at <u>that Chinese restaurant,</u> where we can have authentic Sichuan food?

⑦ A few years ago Danny went back to <u>Melbourne,</u> where he planned to earn his MBA.

⑧ That office is not <u>the place</u> where I went to meet clients.

⑨ I was able to see Alexander from (<u>the place</u>) where I was standing on the stage.

⑩ Something suddenly exploded several yards from (<u>the place</u>) where we parked our rental car.

解説 ① used to be の後ろの前置詞句（in the street）の役割／② pay の後ろの前置詞句（in business）の役割／③ begin の後ろの前置詞句（with the place）／④ went wrong の後ろの前置詞句（at the point）／⑤ transit の後ろの前置詞句（from Dubai）／⑥この節の中の前置詞句（at the Chinese restaurant）を表す／⑦節中の前置詞句（in Melbourne）／⑧ meet client の後ろの前置詞句（in the place）／⑨節中で前置詞句（from the place）／⑩節中で前置詞句 (at the place)

SV名詞
+ when

① 火曜日が定例ミーティングのある日だ。

② いつ事故が起きたのか、正確な時間はまだわかっていない。

③ CEO が大規模な買収を発表した日を、私たちが忘れることは決してないだろうなあ。

④ 2019 年は新型コロナウイルスの突発が始まった、忘れられない年です。

⑤ 私は生まれた娘の顔を初めて見たまさにその瞬間を覚えている。

⑥ オフィスを出ようとした時、スティーヴが出張から戻ってきた。

⑦ スーが深夜まで起きていると、彼女の上司が最終承認のための返信をくれた。

⑧ 在宅ワークのおかげで、まったく通勤しなくていい日がやって来るのだろうか。

⑨ 火曜日がトレーニング・キャンプが開催される日として指定された。

⑩ 色々考えると、私たちのチームにとってベストな時というのは、全員のメンバーが対面で集まる時なのだ。

ヒント ①定例の：regular ／②正確な：exact ／③買収：acquisition ／④新型コロナウィルス：novel coronavirus、突発：outbreak ／⑥まさに〜しようとする：be about to... ／⑦〜に返信する：get back to....、最終承認：final approval ／⑧通勤する：commute、在宅ワーク：telework ／⑩色々考えると：all things considered where が場所を表す関係副詞であるように、時間を表すことのできる関係副詞が when です。先行詞となるのは、具体的な時間を表す名詞が多いですが、比喩的に the moment や the day などのような（比較的抽象的な）言葉も用いられることがあります。またカンマで区切って関係副詞の when を使うと、付加的情報や補足説明のニュアンスが強くなります。

🔊 38

① Tuesday is <u>the day</u> when we have our regular meeting.

② <u>The exact time</u> when the accident happened is still unknown.

③ We will never forget <u>the day</u> when the CEO announced the big acquisition.

④ <u>The year 2019,</u> when the novel coronavirus outbreak started, is a year we'll never forget.

⑤ I remember <u>the very moment</u> when I first saw the face of my baby girl.

⑥ I was about to leave my office, when Steve came back from his business trip.

⑦ Sue stayed up until <u>midnight,</u> when her boss got back to her with the final approval.

⑧ Will <u>the day</u> come when we don't need to commute to work at all thanks to telework?

⑨ Tuesday was decided on as <u>the day</u> when the training camp would be held.

⑩ All things considered, the best time for our team is when all the members get together face to face.

解説 ①節中で前置詞句（on the day）の意味／②節中で前置詞句（at the exact time）、関係詞節を文中に挿入／③節中で前置詞句（on the day）／④節中で前置詞句（in the year）、文中に関係詞節をコンマつきで挿入／⑤節中で前置詞句（at the moment）／⑥節中で前置詞句（at the moment）／⑦節中で前置詞句（at midnight / at that timing）／⑧節中で前置詞句（on the day）／⑨節中で前置詞句（on the day / date）／⑩先行詞が省略され、when の節全体で主節 is の補語に

SV名詞
＋前置詞＋関係詞①

① ここが私たちの本社がある町だ。

② これがあなたが一緒に仕事をするメンバーのリストです。

③ これは幅広い経験が必須となるポジションだ。

④ あなたが育った環境というものは、あなたが何者であるかを定義づけるものではない。

⑤ あれが、その本が書かれた究極の目的なのだ。

⑥ スティーヴ、あなた以外に校正をお願いできるのは誰もいないのよ。

⑦ 健が英語を話す流暢さにみんな驚いた。

⑧ ところで、今日はワークショップが元々予定されていた日だ。

⑨ 去年の出張中に泊まったホテルからは、台北の景色がよく見えた。

⑩ もし単語の意味がわからなくても、それが使われているコンテクストから意味をたいてい推測することができます。

ヒント ①本社：head office ／③幅広い：extensive、必須の：essential ／④環境、境遇：circumstances ／⑥：〜に〜をお願いする、〜に〜を求める：go to someone for....、校正：proofreading ／⑦〜に驚く：be astonished at....、流暢さ：fluency ／⑧ところで：by the way ／⑨〜の良い眺めが得られる：command a fine view of...

関係詞は前置詞と一緒に用いられ、in which、by whom、on which などのような形で使われることがあります。しかし、その働きは先行詞となる名詞を後ろから修飾するという意味ではこれまで紹介した使い方と変わりません。ただし、that は前置詞つきの関係詞の形で用いることはできませんので注意しましょう。

🔊 39

① This is <u>the city</u> in which our head office is located.

② This is the list of <u>the members</u> with whom you will work.

③ This is <u>a position</u> for which extensive experience is essential.

④ <u>The circumstances</u> in which you grew up don't define who you are.

⑤ That's <u>the ultimate purpose</u> for which the book was written.

⑥ There's no one other than <u>you</u> to whom I can go for proofreading, Steve.

⑦ Everybody was astonished at <u>the fluency</u> with which Ken speaks English.

⑧ Today is <u>the day</u> for which the workshop was originally scheduled, by the way.

⑨ <u>The hotel</u> at which we stayed last summer during our business trip commands a fine view of Taipei.

⑩ Even if you don't know the meaning of a word, you can often guess it from <u>the context</u> in which it is used.

解説 ① in the city が変化、where も可／② with the members が変化／③ for the position が変化、where も可／④ in the curcumstances が変化、where も可／⑤ for the purpose が変化／⑥ (go) to you が変化／⑦ with the fluency が変化／⑧ (scheduled) for the day が変化、when も可／⑨ (stayed) at the hotel が変化、where も可／⑩ in the context が変化、where も可

SV
＋ no matter 関係詞

① 結果はどうあれ、ベストを尽くすことにするよ。

② その映画は何回見ても楽しめるよ。

③ いつ使っても、そのプリンターは適切に機能しない。

④ 何が起ころうとも、私はあきらめないということを約束します。

⑤ マーティンは誰と話していても、いつも思いやりがある。

⑥ アレクサンダーは温かい人柄のおかげで、どこで仕事をしても好かれる。

⑦ お好きな方を選んでくださっていいよ。

⑧ 私はあなたが使っていない方のタブレットPCを持っていくことにするよ。

⑨ 彼にお願いしたことを彼はやってくれるよ。

⑩ ご都合の良い時にいつでも遠慮せずに私に会いに来てくださいね。

ヒント ①自分のベストを尽くす：do my best、（結果などが）わかる、判明する：turn out ／③機能する：work、適切に：properly ／④何が起ころうとも：no matter what happens ／⑤思いやりがある：considerate ／⑥好かれて：well-liked ／⑦（より）～を好む：prefer ／⑩～するのをためらう、遠慮する：hesitate to...

no matter 関係詞は「たとえ〜であっても」という譲歩的な意味を表すことのできる形です。whoever（〜する誰でも）や whatever（〜するものは何でも）などの複合関係詞の関係詞 +ever の形に書き換えることもできます。口語表現としても多く用いられる形ですので、音読練習を通してしっかり知識を定着させてください。

 40

① I'll do my best no matter how the results turn out.

② I always enjoy that movie, no matter how many times I watch it.

③ The printer doesn't work properly, no matter when you use it.

④ I promise not to give up no matter what happens.

⑤ Martin is always considerate, no matter who he is talking to.

⑥ Thanks to his warm personality, Alexander is well-liked wherever he works.

⑦ You may choose whichever you prefer.

⑧ I'll take whichever tablet PC you're not using.

⑨ He'll do whatever you ask him to.

⑩ Please don't hesitate to come and see me whenever it's convenient for you.

解説 ① turn out (to be)の補語／② how many times で 1 つの関係詞と考える（何回〜しても）／③ whenever に置き換え可能／④ whatever に置き換え可能／⑤ whoever / whomever に置き換え可能／⑥ no matter where に置き換え可能／⑦主節 choose の目的語／⑧主節 take の目的語／⑨主節 do の目的語／⑩主節の中で前置詞句（at any time）の役割

SV名詞
＋前置詞＋関係詞②

① 彼の最近の書籍は、一冊2,000円するが、とてもよく売れている。

② そのプロジェクトには5人しか関わっておらず、誰も常勤ではなかった。

③ その図書館には2冊その本がありますが、両方とも貸し出し中です。

④ ゴスペル音楽は、その発祥の地はアメリカの南部にあるが、まだ発展の目覚ましい分野だ。

⑤ 私はプロジェクトチームのメンバーに私の案を提案して、多くは賛成だった。

⑥ この部署には5つの課があり、それぞれ国際商取引を扱っている。

⑦ これが新しいプリンターですが、その印刷品質はすばらしい。

⑧ 私は暗号資産には懐疑的で、というのも価値がいつも不安定だからです。

⑨ 我々のチームはデジタルコミュニケーションの可能性を見出していますが、まだ十分に理解されていません。

⑩ 自動書き起こしは、その正確さについてまだ疑問が残る部分もありますが、上手に使えば便利なものです。

ヒント ②参加した：involved、常勤の：full-time ／③～冊：copy、貸し出し中の：out on loan ／④発祥の地：birthplace、発展する：evolve ／⑤～に賛成して：in favor of... ／⑥国際商取引：international transaction ／⑦品質：quality ／⑧懐疑的な：suspicious、暗号資産：cryptocurrency ／⑩疑問が残る、疑わしい：questionable p.104 で、前置詞＋関係詞の形を見ましたが、今度はその応用編です。名詞＋前置詞（主に of）＋関係詞という形を見ていきましょう。of のところ（p.24）でも紹介した通り、ある名詞の部分関係を示すようなカタマリの場合には、切り離さずに、その前置詞を含むカタマリとして用いることがあります。比較的文語体の表現になります。

41

① His latest book, <u>the price</u> of which is 2,000 yen, is selling very well.

② There are only five people involved, <u>none</u> of whom worked full-time on the project.

③ The library has two copies of the book, <u>both</u> of which are out on loan.

④ Gospel music, <u>the birthplace</u> of which is the southern United States, is a musical genre that is still evolving.

⑤ I proposed the plan to my project team members, <u>many</u> of whom were in favor of it.

⑥ There are five sections in this department, <u>all</u> of which deal with international transactions.

⑦ This is a new printer, <u>the printing quality</u> of which is marvelous.

⑧ I am suspicious of cryptocurrencies, <u>the value</u> of which is always unstable.

⑨ Our team sees a lot of possibilities for digital communication, <u>the potential</u> of which has not been fully discovered yet.

⑩ Live transcripts, <u>the accuracy</u> of which is still questionable, can be helpful when used effectively.

解説　① is の主語の役割で、文中に関係詞節を挿入／② worked の主語の役割／③ are の主語の役割／④ is の主語の役割、文中に関係詞節を挿入／⑤ were の主語の役割／⑥ deal with の主語の役割／⑦ is の主語の役割／⑧ is の主語の役割／⑨ has（not）been の主語の役割／⑩ is の主語の役割

SV ＋関係詞
（慣用表現）

① 人々は普通はそのような方法では問題を解決しません。

② CEO が辞任しましたが、私はその理由が知りたい。

③ デイヴィッドはいわゆるギフテッドで、というのも他の人が容易にできないことをできたりする。

④ 成功とは常に、最後の一踏ん張りが一番大事だ。

⑤ 我々のネットワークは型が古く、さらに悪いことには、パソコンも型落ちしたものだ。

⑥ 私たちにとってのデジタル化とは、18 世紀を生きた人々にとっての産業革命のようなものである。

⑦ あなたがやって幸せになるような仕事を選びなさい。
でなければ後で後悔するでしょう。

⑧ 知っているかもしれないが、デイヴィッドとジョーは先日、その案に関して言い争いをしたのです。

⑨ 本当に必要な数よりもたくさんのモバイル Wi-Fi ルーターがすでにあります。

⑩ このビジネスクラスには、英語を一生懸命勉強しない学生はいない。

ヒント ②辞任する：step down ／③他の人が難しいと思うこと：what others find difficult ／④最後の一踏ん張り：the final effort ／⑤型が古い、旧式の：old-fashioned、型落ちした、時代遅れの：outdated ／⑥デジタル化：digitalization ／⑦後悔する：regret ／⑧言い争い：quarrel

関係詞は補足説明などの役割で多く使われる表現です。「4の型」で紹介してきたものの他に、前置詞の慣用句表現もいくつかありますので、このセクションでビジネスで使える関係詞の慣用句を紹介してみます。また、文全体や名詞に補足説明を加える働きをすることから擬似関係代名詞と呼ばれる as や than についてもふれます。音読練習を通してしっかり定着させてください。

🔊 42

---

① **That is not** the way / how people usually solve problems.

② **The CEO stepped down, and I want to know** <u>the reason</u> why.

③ **David is** what is called **gifted, as he can easily do** what others find difficult.

④ As is always the case with success, **the final effort was the most important.**

⑤ **Our network is old-fashioned, and** what is worse, **the computers are outdated.**

⑥ **Digitalization is to us** what the industrial revolution **was to people in the 18th century.**

⑦ **Choose** <u>a job</u> that will make you happy**; otherwise, you'll regret it later.**

⑧ As you may know, **David and Joe had a quarrel over the plan the other day.**

⑨ **There are already** <u>more mobile Wi-Fi routers</u> than are really needed.

⑩ **There is** <u>no student in this busines class</u> who does not study English hard.

解説　①the way / how はどちらかを省略することが可能／②the reason why は口語でもよく使われる強調の表現／③find の目的語の役割／④as の擬似関係代名詞と呼ばれる使い方で、定型表現。「～には常だが」の意味／⑤定型表現で「さらに悪いことには」の意味／⑦will make の主語の役割／⑧④と同様の定型表現／⑨than の擬似関係代名詞と呼ばれる使い方で、下線部が先行詞となる／⑩（does not）study の主語の役割

関係代名詞と関係副詞の違いについて

　英語学習者の多くは、関係代名詞と関係副詞の使い方がいまいち理解できずに悩んだ経験がおありかと思います。形の上では違いは見てわかるけれども、使い方をしっかり理解できずにずるずると来てしまったという方も少なくないのではないでしょうか。関係代名詞と関係副詞の違いについては、『仕事で使える英文法』の中でも取り上げていますが、英語の音読練習をする上で絶対に押さえておいてほしい違いについて、ここでふれておきたいと思います（●は下線部の先行詞が元あった場所）。

This is <u>the apartment</u> which I used to live in ● when I was a child.
This is <u>the apartment</u> where I used to live ● when I was a child.

　この２つの例文を見比べてください。両者とも意味の上では、「ここは私が子供の時に住んでいたアパートです」という意味ですね。それでは関係詞の後の部分に全集中して見ていきましょう。最初の例文の関係代名詞 which の後を見てみると、live in と、前置詞 in が残った状態です。本来の位置にあった名詞が which に置き換わって前の方に移動したわけです。

　他方、関係副詞 where の後を見てみると live の後の前置詞 in がないことがわかります。本来の文にあった、in the apartment というカタマリがそのまま the apartment where に置き換わって前の方に移動したわけです（なお、where は下記のように in which と置き換えることもできます）。

This is <u>the apartment</u> in which I used to live ● when I was a child.

　以上のような理由から、一般的に関係代名詞の後は（文法的に）不完全な文、関係副詞の後は（文法的に）完全な文という風に説明されたりするわけです。

　音読練習の際、関係詞が文中に含まれている場合、「ここに、もともと関係詞があったんだ」ということに意識を向けておくと、より深く理解できます。いざという時にこの型を使って話す際に、自然と関係詞の構造に意識を向けることができるようになるでしょう。

5の型

＋接続詞

5の型 ＋接続詞

　最後の章で取り上げるのは、接続詞です。接続詞は関係代名詞としばしば対比されることがあります。

　関係詞が主に名詞の補足説明になっているのに対し、接続詞は名詞にくっつくとは限りません。使い方のバリエーションも大変多いので理解することが億劫に思われるかもしれません。

　ですが、大事なのは、他の後置修飾と同じく、どこを修飾しているのかということをしっかり見極めることです。

　接続詞は、大きく分けて、and、but、or などの「等位接続詞」と呼ばれるものと、that、however、when などの「従位接続詞」と呼ばれるものに大別されます。それぞれの基本的な役割を見てみましょう。

■　　■　　■

　等位接続詞の基本的な役割は、文中の同じ要素同士を結びつけることです。

● **boys and girls**　少年たちと少女たち（名詞を結ぶ）

● **speak English and Spanish**
　英語とスペイン語を話す（目的語の名詞を結ぶ）

● **He looked tired but satisfied.**
　彼は疲れていたが満足しているように見えた。（look の補語の過去分詞同士を結ぶ）

● **Do you want to come with me, or would you rather stay?**
　一緒に来ますか、それともここにいますか。（センテンスを結ぶ）

　いかがでしょうか。結んでいるもの同士に注目すれば、and、but、or などの等位接続詞も、これまで紹介してきた後置修飾と何となく似た要素を持っていることがわかりますね。この章で取り上げるものは、純粋な後置修飾だけではないのですが、考え方はとてもよく似ています。

■　　■　　■

　では、続いて従位接続詞の例も見てみましょう。

- **Let me know** if he comes to the meeting.
  もし彼がミーティングに来たら教えてください。

- **He looked exhausted** because he worked all day today.
  彼は今日一日中働いたので疲れ切っているように見えた。

- **We were surprised at the news** that he passed the driving test.
  彼が運転免許の試験に合格したという知らせに私たちは驚いた。

　いかがでしょうか。and、but、or の時よりも、文章の後ろから何かを修飾しているという感じがよく見て取れたでしょうか。ここに挙げた例文はすべて、文全体を後置修飾的に修飾しているという風に考えると、つながりが見えてきやすいのではないでしょうか。

　従位接続詞は、関係代名詞のように、全体で名詞、同格名詞、または副詞の節をつくる言葉です。that のように関係代名詞と混同しやすいものもありますし、because のように言葉としてはよく見知っていても、実際にどう使ったらいいのかわからないというもの、または as のように意味や使い方が多岐にわたっているものもありますので、ぜひ音読練習を通して体に染み込ませてください。

■　■　■

　接続詞は覚えることがたくさんあって、勉強しづらいという印象を持たれがちの文法項目かもしれません。そのため、途中で勉強を諦めてしまったという苦い経験をお持ちの方も決して少なくないようです。

　ですが、使いやすいからといって慣れ親しんだ and、but、or ばかりを多用していると、いつまでも中学校英語を話している自分からは卒業することができません。そのため、なかなか表現のバリエーションが広がらず、伸び悩んでいるというお悩みを抱えている方も多いようです。

　後置修飾という切り口から、接続詞を捉え直してみることで見えてくるものが多いはずです。この機会に、ぜひ苦手意識を克服して、自分にとっての武器に変えてみませんか。

sv
+ and / but / or

① 今日、デイヴィッドはパソコンを使って、在宅で仕事をした。

② スティーヴは作業中、スーは出張に行ってしまって、そしてダニーはプレゼンの準備中です。

③ ベストを尽くせば、間に合うはずです。

④ 私は普段、車を運転して通勤していますが、今朝はバスに乗りました。

⑤ 私はアレクサンダーからメールを受け取りましたが、まだ読んでいませんでした。

⑥ それはとても良いオフィススペースでしたが、そのビルには駐車場がありませんでした。

⑦ 外出したいですか、それともヘトヘトですか。

⑧ 一緒に来てほしいですか、それともここで待っていた方がいいですか。

⑨ 仕事面だけでなく、英語の勉強でもベストを尽くしなさい。

⑩ このワークショップでは、文章や段落を書く際に使える方法が学べます。

ヒント ①在宅で働く：work from home ／②出張：business trip ／③間に合う：make it in time ／④バスに乗る：take a bus ／⑥駐車場：parking lot ／⑦ヘトヘトになった、疲れ切った：exhausted ／⑩方法、メソッド：method and / but / or は、中学校英語の教科書でも出てくる、おなじみの表現です。これらは「等位接続詞」と呼ばれ、文と文、またはフレーズとフレーズをつなぐ役割を担っています。それぞれの接続詞がどこの部分をつないでいるのかを意識して、音読練習をしてください。

🔊 43

① David used his computer and worked from home today.

② Steve is at work, Sue has gone on a business trip, and Danny is preparing for his presentation.

③ Try your best, and you'll make it in time.

④ I usually drive to work, but I took the bus this morning.

⑤ I received an e-mail from Alexander, but haven't read it yet.

⑥ It's a very nice office space, but the building doesn't have a parking lot.

⑦ Do you want to go out, or are you too exhausted?

⑧ Do you want me to come with you, or should I wait here?

⑨ You must do your best not only at work, but also with your English studies.

⑩ In this workshop, you will learn some methods used in writing sentences and / or paragraphs.

解説 ① used and worked（動詞を結ぶ）／② Steve、Sue、Danny をそれぞれ主語にする文を結ぶ／③ A, and B で、「A すれば B するだろう」という意味になる／④ but で文同士を対比する／⑤ received と haven't read を対比する／⑥ but で文同士を対比する／⑦⑧ A, or B で、「A しなさい、さもなければ、B になる」という意味になる／⑨ not only A but also B（A だけでなく B も）／⑩ and / or は書き言葉でよく使われる接続詞で A and B, A or B の両方を同時に表す

sv
+ that

① 誰も残業をしたくないことはわかっている。

② 確実に私たちのチームはコンペで優勝するだろう。

③ 問題は副社長がその新商品のデザインが気に入らなかったということだ。

④ スティーヴとスーの違いは、スティーヴはほとんどスペイン語が話せないことだ。

⑤ 彼がそれを悪気なしに言ったという事実を我々はみな知っている。

⑥ 機械翻訳サービスをもっと活用すべきだと、私は思う。

⑦ 我々は正午までにプリンターを修理してほしいと希望している。

⑧ 今日は一日中雨で、イベントが延期になるのではないかと私は心配していた。

⑨ 健が我々に質問したことは、予算面ではなく、技術面のことであったということがわかった。

⑩ 今日の世界では英語はネイティヴ・スピーカーだけの所有物ではないということをセミナーで学んだ。

ヒント ①残業する：work overtime ／②コンペ：competition ／③副社長：vice president ／④ほとんど〜ない：barely ／⑤悪気なしに、何気なく：innocently ／⑥活用する：utilize ／⑦修理する：repaire ／⑧延期する：postpone ／⑨予算（面）の：financial、技術（面）の：technological ／⑩〜に所属している：belong to...

接続詞の that は、and / but / or のように文やフレーズをつなぐ役割ではなく、動詞の後ろに目的語となる名詞のカタマリを導き、文の骨格となる役割を担っています。一般的には、「〜ということ」のように訳されます。「SV 名詞 + that」の形で使われ、前の名詞に対する付加情報を示す関係代名詞の that と比べてみても良いかもしれません (p.92)。文の構造を意識して、音読練習をしてみましょう。

🔊 44

① **We know** that nobody wants to work overtime.

② **It is certain** that our team will win the competition.

③ **The problem was** that the vice president didn't like the design of the new product.

④ **The difference between Steve and Sue is** that Steve can barely speak Spanish.

⑤ **We all know the fact** that he said it innocently.

⑥ **I think** that we should utilize the machine translation service more.

⑦ **We're hoping** that they get the printer repaired by noon.

⑧ **I was worried** that it would rain all day today and the event would be postponed.

⑨ **We found out** that the question Ken asked us was not financial, but technological.

⑩ **We learned in the seminar** that, in today's world, the English language does not belong to native speakers only.

解説 ① that 以降は、know の目的語で「〜ということ」と訳せる／② that 以下は、仮主語 it の内容／③④ that 以下は主節動詞 is (was) の補語、「〜ということ」と訳せる／⑤ that 以下は fact の同格名詞節／⑥ that 以下は think の目的語／⑦ that 以下は are hoping の補語／⑧ that 以下は worried (about) の目的語 (about は省略される) ／⑨ that 以下は found out の目的語の役割／⑩ that 以下は主節動詞 learned の目的語の役割

SV
＋ because

① 交通が混雑していたので、今朝は遅れてしまった。

② 遅くなってきたので、私たちは急いで仕事を終わらせた方が良い。

③ 言語学者だからといって、外国語が上手に話せるわけではない。

④ 私がオフィスに着いた時に服がずぶ濡れだった。なぜなら通勤中ゲリラ豪雨に打たれたからだ。

⑤ 私がこの職場を選んだのは、パンデミックになる前でさえ、豊富な在宅ワークの選択肢があったからです。

⑥ 適切な換気がなければ、この部屋は高い湿度のために、カビが生えてしまう可能性があります。

⑦ 彼女の尽力のおかげで、私たちはこのプロジェクトを終わらせることができた。

⑧ デイヴィッドが入社してから2年半になる。

⑨ 私が以前使っていたスマホに何か不具合があったので、新しいのを買った。

⑩ 私は疲れ果てている、というのも18時間もずっと働き続けているので。

ヒント ①交通：traffic、混雑している：congested ／②〜した方がいい：had better ／③言語学：linguistics ／④ずぶ濡れ：soaking wet、〜に打たれる、〜にあう：be caught in、豪雨：torrential rain ／⑤豊富な：abundant ／⑥換気：ventilation、カビが生える：get moldy、湿度：humidity ／⑨〜に不具合がある：wrong with...

because は中学校の英語教科書でも出てくるなじみのある表現で、「理由」を表す表現です。これも that と同じく、従属接続詞に分類されます。また、since や as なども理由を表す表現です。音読練習を通して、すらすら言えるようになるまで練習しましょう。

🔊 45

① I was late this morning because traffic was congested.

② We'd better hurry up and complete the job, because it's getting late.

③ Just because he's a linguistics expert doesn't mean he speaks foreign languages very well.

④ I arrived at the office with my clothes soaking wet, because I was caught in torrential rain on my way to work.

⑤ The reason I chose this workplace was because it had abundant teleworking options even before the pandemic.

⑥ Without proper ventilation, this room can get moldy because of the high humidity.

⑦ Because of all her help, we were able to finish our project.

⑧ It has been two and a half years since David joined our company.

⑨ I bought a new smartphone, as there was something wrong with my old one.

⑩ I'm really exhausted, since I've been working continuously for 18 hours.

解説　①②④ because 以下は、理由を表す副句節の役割／③ Just because ～ expert までが主語の役割になっている／⑤ because 以下は主節動詞 was の補語の役割／⑥⑦ because of は前置詞句、この場合は SV の形にはならない／⑧この since は「～以来」という意味だが、その他に理由を表す接続詞としても使われる／⑨ as には様々な意味があるが、この場合は理由を表している／⑩この場合の since は一見、完了形で使われる「～以来」の意味のようだが、実は理由を表す

sv
+ when

① お会いするのに都合がいい時に私にお知らせください。

② マイクが徐行運転をしている時、別の車が彼の前に割り込んで入ってきた。

③ ウェブサイトのデザインのことになればスティーヴは誰にも劣らない。

④ 仕事に集中している時に歯ぎしりをする人がいる。

⑤ その仕事はどうやら少し難しくはあるが、不可能だとは私は思わない。

⑥ 私がオフィスを出ようとすると、ちょうどスティーヴが入ってきた。

⑦ なぜ私が行きなさいと言った後すぐダニーに相談しに行かなかったの。

⑧ 私のことを批判する前に、あなたは自分が何をしたのかをもう一度見直さなければならない。

⑨ 歳をとるに従って、新しいテクノロジーを使いこなすのが難しくなる。

⑩ 基本的なコードがわかりさえすれば、このプログラミングソフトは簡単ですよ。

ヒント ①私にお知らせください：let me know ／②割り込む：cut in ／③〜ということになると：when it comes to... ／④ぎしぎしこする：grind ／⑤難しい、挑戦的な：challenging ／⑦〜と相談する：consult with... ／⑧見直す：take another look、批判する：criticize ／⑨歳をとる：get old

「4 の型」でも関係副詞の when を紹介しましたが（p.102）、あれはある名詞を修飾し、時間の補足説明として（形容詞的役割として）用いられるものでした。ここで取り上げる従属接続詞の when は、名詞や副詞のカタマリを構成し、「～する時、～する場合」と時間的な条件を示す場合に用いられます。また while（～する間、ところが一方）や after（～した後に）、as（～している時、～に従って）、once（いったん～すると）など、時間を表す接続詞も一緒にここで取り上げます。

🔊 46

① **Please let me know** when it is convenient for you to meet me.

② **Mike was driving slowly** when another car cut in ahead of him.

③ **Steve is second to none** when it comes to website design.

④ **Some people grind their teeth** while they are concentrating on their work.

⑤ While the task appears a bit challenging, **I don't think it is impossible.**

⑥ **Steve came in** just as I was leaving the office.

⑦ **Why didn't you go and consult with Danny** right after I told you to?

⑧ **You have to take another look at what you did** before criticizing me.

⑨ As we get older, **it can get harder to learn to use new technology.**

⑩ **This programming software is easy** once you learn the basic codes.

解説　①② when 以下は時を表す副詞節／③ when it comes to は定型表現で、「～ということになれば」の意味／④ while は「～している間」の意味で、しばしば進行形と同時に用いる／⑤ while は「～である一方」という意味で対比を表す／⑥ (just) as は、「ちょうど～するところで」の意味で従属接続詞／⑦⑧ before / after は前置詞としても紹介したが、今回はそれぞれ接続詞として用いられる／⑨ as は接続詞で、「～にするにつれて」の意味／⑩ once は「一度～すると」の意味で接続詞

123

SV
+ if ①

① 携帯電話を借りてもいいですか。

② もし明日大雨だったら、イベントを延期しなければならなくなるだろう。

③ 明日また来てこの件についてお話しさせてもらってもよろしかったですか。

④ 彼が本当にそれを言ったのだとすればデイヴィッドは顧客に誠実に謝罪しなければならない。

⑤ 今学期中に論文を書けば、今年度の終わりには MBA が取得できるだろう。

⑥ 万が一締め切りに間に合わなかったらどうなるんですか。

⑦ 万が一失敗してもやり直すつもりです。

⑧ もし無駄なチェックでそんなに時間を費やしていなければ、このプロジェクトに取り掛かることができていただろうに。

⑨ その他お問い合わせがあれば、お気軽に私たちに連絡をとってください。

⑩ あなたの助力がなければ、このタスクを期日までに終わらせることができなかっただろう。

ヒント ①携帯電話：mobile phone ／②延期する：postpone ／④謝罪する：apologize、誠実に：sincerely ／⑤論文：thesis ／⑥締め切りに間に合わない：miss the deadline ／⑧時間を費やす：spend time ／⑨問い合わせ：inquiry、お気軽に、ご遠慮なく：don't hesitate to... ／⑩終わらせる：complete、期日：due date if は学習者にとって最もなじみのある接続詞の 1 つに数えられるものかもしれません。「もし〜ならば」という「条件または仮定」を示す表現です。なじみのある表現ではありますが、いざ話す時にスムーズに使うことができずに悩んでいる方も多いと思います。ぜひ口をついて出て来るように読む練習をしてください。

🔊 47

① **Is it okay** if I use your mobile phone?

② **We're going to have to postpone the event** if it rains heavily tomorrow.

③ **Would it be all right** if I came back and discussed this with you tomorrow?

④ **David would have to apologize sincerely to his client** if he really said that.

⑤ If you complete your thesis this semester, **you will obtain your MBA by the end of this school year.**

⑥ **What would happen** if we were to miss the deadline?

⑦ If I should fail, **I will try again.**

⑧ If we hadn't spent so much time on useless checking, **we could have started working on this project.**

⑨ Should you have any further inquiries, **please don't hesitate to contact us.**

⑩ We would not have completed the task by the due date if it had not been for your help.

解説　①条件を表す副詞節／②未来の条件を表す副詞節の中は現在形となる／③仮定法過去を用いた表現で、丁寧な確認／④仮定法過去、婉曲的な言い方／⑤条件を表す、実現可能な未来のこと／⑥仮定法過去、were to（万一〜したら）／⑦ should も were to と同じく、「万一〜したら」という意味で「そんなことはあり得ないが」の含みがある／⑧仮定法過去完了、後悔の気持ちを表す／⑨ if が省略されて should と you が倒置された形／⑩ if it had not been for（もし〜がなかったなら）

125

sv
+ though

① 彼はひどい風邪を引いていたが、いつも通り出社した。

② かなり平静を装っていたが、彼はプレゼンの前、内心はひどく緊張していた。

③ 我々はとても忙しかったが、何とか期限に間に合わせることができた。

④ 仕事をすべてオンラインでやろうとするのは不可能ではないが難しい。

⑤ 明日雪が降ったとしても、プランを実行する。

⑥ もし元気な感じだと思ったとしても、今日は休みを取りなさい。

⑦ スーは行かなかったが、私は行った。

⑧ 長時間使用した後でも、この機材は安全にお使いいただけますよ。

⑨ 見た目は互いに似ているが、機能面ではそれらの商品はまったく異なる。

⑩ どれだけ一生懸命にやってみても、スティーヴには交渉力という点では敵わない。

ヒント ①風邪を引く：have a cold、いつも通り：as usual ／②平静な：calm、ひどく、極めて：extremely ／③期限に間に合わせる：make the deadline ／⑤実行する：carry out ／⑧機材、装置：device ／⑨見た目は：in appearance、〜の点から：in terms of... ／⑩一生懸命に：diligently、〜に敵う・〜と競い合う：compete with...

even if... (例え〜だったとしても) のように、p.124 で紹介した if には「もし」だけでなく、「〜だけれども」という「譲歩」を表す意味もあります。このセクションでは though や although など、「譲歩」の意味を表す接続詞を取り上げます。if よりも文語的なニュアンスのある表現が多くなりますが、ビジネス文章などではよく使われる表現です。さらに、as much as... (〜と同じ程度だが) などの表現が「譲歩」の接続詞として使われる例についても取り上げます。

🔊 48

① Though he had a terrible cold, **he went to work as usual.**

② Although he looked quite calm, **he was actually extremely nervous before the presentation.**

③ Although we are super busy, **we were able to make the deadline anyway.**

④ **It will be difficult** though (it is) not impossible **to do all our work online.**

⑤ **We'll carry out our plan** even if it snows tomorrow.

⑥ **You must take a day off today** even if you think you feel fine.

⑦ **I went** even though Sue didn't.

⑧ **This device is safe to operate** even after many hours of use.

⑨ As much as they resemble each other in appearance, **the products are totally different in terms of functions.**

⑩ As diligently as I try, **I cannot compete with Steve in terms of negotiation skill.**

解説 ①譲歩の表現／②③ although の方が though よりも若干フォーマル／④接続詞 though の後ろが主節の主語と be 動詞の場合 (it is) は省略可／⑤ even if... で譲歩を表す／⑦ though に強調表現の even が付いた形、even although とは言わない／⑧ after 自体に譲歩の意味はないが even が加わることで譲歩のニュアンスを付加／⑨⑩ as ... as は比較の表現だが、譲歩のニュアンスで使われる場合もある

SV
+ as long as

① 興味を惹くものであれば、雑談にはどのようなトピックも有効です。

② 静かにしていれば、ここにいて構いませんよ。

③ クレジットカードを忘れなければ、あなたは大丈夫だ。

④ できる限り翻訳であなたを手伝いますよ。

⑤ 私が知る限り、水曜日が都合のいいミーティングの日取りです。

⑥ あなたの分析が役に立たないとまでは言わない。

⑦ できるだけ早くお返事をするようにします。

⑧ 原因が何だったのかが判明次第、すぐに折り返します。

⑨ 多くの場合、人々はずっと買いたかったものを手に入れるやいなや、実際にはもう欲しくなくなるものだ。

⑩ 研究者によると、銀行ビジネスの原型に当たるものは 紀元前 3000 年にはすでに存在していたと言われている。（※諸説あり）

ヒント ①雑談する：make small talk ／④翻訳：translation、私ができる限り：as much as I can ／⑤私が知る限り：as far as I know ／⑥〜とまで言う：go so far as to say... ／⑦できる限り早く：as soon as possible ／⑧〜に折り返す：get back to... ／⑨手に入れる：purchase ／⑩原型・前身：precursor、〜だと言われている：be said to...

as long as ... や as soon as ... は比較の表現として紹介されることが多いと思いますが、実は接続詞の役割を果たす表現として使われる場合も多いのです。場所や時間の付加的情報を示す役割があります。どの言葉を修飾しているのか、という見極めが難しいですが、音読練習を通して、しっかり定着させてください。

◀)) 49

① To make small talk, almost any topic will do, as long as it's interesting.

② You can stay here as long as you're quiet.

③ You'll be all right as long as you don't forget your credit card.

④ I'll help you with the translation as much as I can.

⑤ As far as I know, Wednesday is a good day for our meeting.

⑥ I wouldn't go so far as to say your analysis is not useful.

⑦ I'll be sure to reply as soon as possible.

⑧ We'll get back to you as soon as we've figured out what the cause was.

⑨ In many cases, as soon as people purchase something they've wanted for a long time, they don't really want it anymore.

⑩ A precursor of modern banking is said to have existed as early as 3000 B.C., according to some researchers.

解説　①②③ as long as... (〜である限り) は接続詞的に用いられ、肯定文・否定文の両方で使われる／④ as much as は原級比較の表現、「〜と同じ程度に」の意味／⑤ as far as I know... は定型表現的で、「私が知る限りは〜」という意味／⑦ as soon as possible/as soon as 主語 can は定型表現で、「できるかぎり早く」の意味／⑧⑨ as soon as SV で、「〜するとすぐに」の意味、接続詞的に用いる／⑩ as early as は強調の表現、「紀元前 3000 年にはすでに」というニュアンス

129

SV
＋ if ②

① 誰かこの問題を解けるのだろうか。

② 彼が言ったことは本当に正しかったのだろうかと私は思っている。

③ 私は彼女にアドバイスをくれるかどうか尋ねた。

④ 来週、健が研修合宿に来るかどうか、誰か知っていますか。

⑤ 新任の課長が英語のネイティヴか、ノンネイティヴかは大した問題ではありません。

⑥ オブザーバーの人がセッションに参加するかどうかはまだわからない。

⑦ 来週横浜にいるかどうか教えてください。

⑧ 火曜日にあなたがリモート会議に参加できるかどうか教えてください。

⑨ 基本的に、すべてあなたが上司の言うことに反対できる勇気を持てるかどうかにかかっている。

⑩ ダニーは彼のメルボルンのマンションを売るかどうかについて結論に達した。

ヒント　②〜と思っているのですがどうでしょうか：**I was wondering if...** ／④研修合宿：**training camp** ／⑤〜は大した問題ではない：**It doesn't matter much...**、新任の：**incoming** ／⑧リモート会議・ウェブ会議：**web conference** ／⑨〜による、〜次第だ：**depend on...** ／⑩結論に達する：**reach a decision**、マンション：**condominium** ifは多くの場合、「もし〜ならば」と訳され、副詞のカタマリ（副詞節）として用いられますが、このセクションでは「〜かどうか」という意味の名詞のカタマリ（名詞節）として用いられ、文の骨組みとなる場合を見ていきましょう。また、whether を使っても同じ意味を表せます。ビジネス現場で即戦力になる表現も多数用意しましたので、ぜひ暗記するまで何度も読んでみてください。

🔊 50

① I wonder if anyone can solve this problem.

② I was wondering if what he said was true.

③ I asked her if she could give me some advice.

④ Who knows if Ken will come to the training camp next week?

⑤ It doesn't matter much whether the incoming manager is a native or non-native English speaker.

⑥ Whether any observers will be attending the session is still unknown.

⑦ Let me know whether you will be in Yokohama next week.

⑧ Please tell us whether or not you can attend the web conference on Tuesday.

⑨ Basically, it all depends on whether you have the courage to disagree with what your boss says.

⑩ Danny finally reached a decision about whether or not to sell his condominium in Melbourne.

解説　①② if 以下は名詞節で、wonder / was wondering それぞれの目的語となる／③ if は ask の直接目的語／④ if 以下は knows の目的語の役割、副詞節ではない／⑤ whether 以下は仮主語 it の内容を示す／⑥ whether のカタマリが主節動詞 is の主語の役割／⑦ whether 以下は know の目的語／⑧ whether 以下は tell の直接目的語／⑨ whether 以下は depends on の前置詞の目的語／⑩ whether or not を最初にカタマリとして持ってくることもある、about の前置詞の目的語

SV
＋ unless

① もし緊急だと思うのでなければ、月曜日までお待ちください。

② もし緊急ではないと思うのであれば、月曜日までお待ちいただけますか。

③ タクシーに乗りましょうか、どうしても歩きたければ別ですけど。

④ タクシーに乗りましょうか、もし歩きたくないのであれば。

⑤ 暗号化しなければそのファイルを送ってはなりません。

⑥ 本当にわからないのであれば仕方がないが、そうでなければ質問しないでください。

⑦ あなたがミーティング後の懇親会に来ないと彼女はとてもがっかりするだろう。

⑧ 車がないと、この辺りを移動するのは大変だ。

⑨ 外食してお祝いしようか。もちろん、疲れ過ぎている場合は別だけど。

⑩ もしヘリコプターがなかったとしたら、そのような状況では彼らは人命救助ができない。

ヒント ①緊急の：urgent ／③タクシーに乗る：take a taxi、～の方を好む：prefer to... ／⑤暗号化する：encrypt ／⑦がっかりする：be disappointed、懇親会：reception ／⑨お祝いする：celebrate ／⑩ヘリコプター：helicopter unless は「もし〜でなければ」という意味で、if... not と似たような意味を表します。unless の方が「唯一の除外条件」であるような印象を与えます。ここでは if... not の表現も併せて扱いますので、unless と if... not のニュアンスを比べてみましょう。

 51

① We'd like to ask you to wait until Monday, unless you think it's very urgent.

② If it isn't very urgent, could we ask you to wait until Monday?

③ We can take a taxi, unless you prefer to walk.

④ We can take a taxi if you prefer not to walk.

⑤ You can't send the file unless you get it encrypted.

⑥ Don't ask me to explain unless you really don't understand.

⑦ She'll be very disappointed if you don't come to the reception after the meeting.

⑧ Unless you have a car, it's difficult to get around in this area.

⑨ Let's go to a restaurant and celebrate tonight —unless, of course, you're too tired.

⑩ They can't rescue people in that kind of situation unless they have a helicopter.

解説　①③ unless は唯一の除外条件であるのに対し、②④の if not の場合は「唯一の除外条件」とは限らない／⑤⑥ not ... unless で、二重否定となる／⑦のような場合は唯一の除外条件とはならず unless に必ずしも置き換えられるわけではないが、⑧の場合は if ... not に置き換えても意味上は大きく変化しない／⑨ダッシュ（—）などを用いて、このように口語表現的な使い方をする場合もある／⑩ can't と unless で二重否定

SV ＋接続詞
（慣用表現）

① あなたが費用を負担してくれるなら喜んで行くよ。

② もしも私が遅れた場合には、私抜きで始められるようにしてください。

③ あなたが正しいのだとしたら、より良い結果を期待できる。

④ 今や職場から2、3ブロックしか離れていない場所に私は住んでいるのだから、歩いて通える。

⑤ 渋々ではあったが、同意したのは、万が一にも契約が失われないようにするためだ。

⑥ スティーヴが遅れてきやしないかとヒヤヒヤした。

⑦ 面接中に良い成果を出せた受講生もいたが、そうでない人もいた。

⑧ 私は子育てのために会社を辞職したが、一方、兄の方はスタートアップ企業の社長になった。

⑨ デイヴィッドはとても疲れていたが、それでも準備をし続けた。

⑩ 時々、アレクサンダーは部下にとって少し厚かまし過ぎるが、他方、それは彼らの福利厚生を考えてあげているということでもある。

ヒント　①喜んで〜する：be willing to... ／②〜した場合には：in case... ／③〜だとすると：assuming that... ／④今や〜なので：now that... ／⑤〜するといけないから：for fear that... ／⑥〜するのではないかと：lest... ／⑦受講生：trainee ／⑧〜を辞職する：resign from....、一方：meanwhile ／⑩厚かましい：impertinent、福利厚生：welfare

「5 の型」ではたくさんの接続詞を紹介してきました。ここまでで取り上げることのできなかった、接続詞の慣用句的な表現をここでまとめて紹介しておきたいと思います。どれもビジネス現場で役立つ表現ですので、何度も音読練習をしてください。

◀)) 52

① I'm willing to go, provided that you cover my expenses.

② Please be prepared to start without me in case I'm late.

③ Assuming that you're right, we can hope for a better conclusion.

④ Now that I live a couple of blocks from my workplace, I can commute on foot.

⑤ I was reluctant, but gave my consent for fear that we'd lose the contract.

⑥ We were worried lest Steve should arrive too late.

⑦ Some of the trainees did very well in the interview, whereas others did poorly.

⑧ I resigned from my job to take care of my children; meanwhile, my elder brother became president of a start-up.

⑨ David was very tired; nevertheless, he continued working on the preparations.

⑩ Sometimes, Alexander is a bit impertinent with his subordinates, but on the other hand he cares about their welfare.

解説 　① provided that は条件を表す文語的な表現／② in case... （〜の場合は）／③分詞構文の定型表現で、「〜という前提で」の意味／④ now that... は「今や〜なので」という意味／⑤ for fear that... （〜ということを恐れて）。接続詞／⑥ lest は for fear that と似た表現だが、やや古風で文語的／⑦対比を表す whereas ／⑧ meanwhile は while の強調表現／⑨ nevertheless（〜にもかかわらず）は副詞的な使い方でやや固い表現、⑩の on the other hand の方が口語的

135

条件法、仮定法過去、仮定法過去完了について

　英語学習者にとって最も頭の痛い文法項目としてよく挙げられるのが、条件法、そして仮定法です。if という言葉自体にははなじみがある方も多いようです。何となく使ってみたこともあるが、いざ文法的に正しく使ってみようとすると 様々なハードルがあり難しいと感じるのかもしれません。『仕事で使える英文法』でも、この項目は集中的に取り上げましたが、音読の際に気をつけておくべきポイントを整理してみたいと思います。

If it rains tomorrow, I will stay home all day.
（明日雨が降ったら、一日中家にいるつもりです）

If I were you, I would come with him to the reception.
（もし私があなたの立場なら、彼と一緒に懇親会に行くでしょう）

If I had had enough money, I could have bought the new laptop computer.
（もし十分なお金があったら、その新しいノートパソコンを買っていただろうに）

　最初の例文は条件法です。if 節の中の動詞には will はつかず、現在形となっていることに注意してください。 2つ目の例文は仮定法過去です。if のつかない節（帰結節）のところを見ると、助動詞の過去形 would が使われていることがわかります。最後に3つ目の例文は仮定法過去完了です。if の節には過去完了形が使われています。 しかしながら、if のつかない方の節は、助動詞 +have+ 動詞の過去分詞形の形になっています。

　条件法、並びに仮定法の例文を音読する際のコツは、それぞれの動詞の形に意識を全集中させておくことです。 他の文法項目でも同じことが言えますが、ただ意味だけを考えて、文法的なことをあまり考えずに音読練習をしていても、あまり効果が見込めません。ただ読み流しをしていても、なかなか実際に使える英文法としては定着しないのです。意味を考えると同時に、どうしてここでこのような文法項目が使われているのかということを常に考えながら、全集中で音読練習を続けていってほしいと思います。

覚醒編

ここから先は今まで練習してきた５つの「型」の復習と、語彙力・表現力の更なる強化を図るための「覚醒編」です。今ままで音読してきた例文が再登場あるいは形を変えて登場したりします。ここまでの５つの「型」の音読特訓に十分に取り組み、基礎的な力を培った方のみこの先を読み進めてください。

SV + 前置詞 ①

① 私は東京の混雑している地域で車を運転する気にはなれない。

② 私たちの幼少期にはそのような遠隔コミュニケーションの媒体はなかった。

③ 私のシェア・オフィスはこの近代的な建物の 15 階にあります。

④ 駅にとても近いので、その通りの曲がり角のところにあるテレワークスペースを利用することに私たちは興味がある。

⑤ 妻と私はよくプロジェクトチームのために、よく週末にカジュアルな会合を設けています。興味がありますか。

⑥ 私たちは 11 月 11 日の夜に彼と会った。

⑦ 次のミーティングは木曜日の午後に開催される予定です。

⑧ 社内のすべての印刷サーバーは今朝修理中でした。

⑨ 先週末、あのエレベーターは故障していて、メンテナンス中でした。

⑩ 今日は一日中、契約文書の抜本的な修正に取り組んでいました。

ヒント ①〜したい気がする：feel like....、混雑している地域：congested areas ／②幼少期には：in one's childhood ／④〜の近く：close proximity to... ／⑤会合、親睦会：get-together ／⑧修理中で：under repair ／⑨故障中、調整中：out of service、メンテナンス中：undergoing maintenance ／⑩抜本的な修正：fundamental revision

53

① I don't feel like driving my car in congested areas of Tokyo.

② We didn't have that type of telecommunication media in our childhood.

③ My shared office is on the 15th floor of this modern building.

④ We'd be interested in using the teleworking office space on the corner of the street because of its close proximity to the station.

⑤ My wife and I often organize casual get-togethers for our project team on weekends. Would you be interested?

⑥ We met him on the night of November 11th.

⑦ The next meeting will be held on Thursday afternoon.

⑧ All the printing servers in this company were under repair this morning.

⑨ The elevator was out of service and thus undergoing maintenance last weekend.

⑩ We worked on a fundamental revision of the contract document all day today.

解説 ①「場所」を表す in ／②年月のような時間を表したい場合にも in を用いる／③ 15 階（の床の上）に、というニュアンス／④角のところでという熟語／⑤⑦週末（曜日）を表す on ／⑥特定の日の午前・午後・夜などを表す場合も on（日付を表す on と同じ）／⑧ this が付く場合は in を省略／⑨ last が付く場合には on を省略／⑩ all や any が付く場合には前置詞は付けない

139

SV ＋ 前置詞 ②

① 去年の今頃は、ウェブ会議システムに慣れるのにたくさんの時間を費やしましたね。

② 2時半になりましたらプレゼンを始めます。

③ 正午にこの駅の南口で待ち合わせをしましょう。

④ あなたのおすすめのレストランの雰囲気を私たちはみなとても楽しみました。

⑤ スーのオフィスはこの建物の最上階にあります。

⑥ 私はその支社から徒歩圏内に住んでいます。

⑦ 私たちはみなその統計調査の結果の信頼性について懐疑的だった。

⑧ 火曜日、カジュアルな会合に来てみたいですか。

⑨ 会議場へは何時に到着の予定ですか。

⑩ とは言え、あなたが今説明したことは、その質問に対するベストな答えではありませんでした。

ヒント ①〜に慣れる：get accustomed to... ／③南口：South Exit ／④雰囲気：atmosphere ／⑤最上階：top floor ／⑥徒歩圏内に：within walking distance ／⑦〜について懐疑的な：be suspicious of...、信頼性：reliability、統計調査：statistical survey

① At this time last year, we spent a lot of time (on) getting accustomed to the newly installed web conferencing system.

② We'll start our presentation at half past two.

③ Let's meet up at the South Exit of this station at noon.

④ We all really enjoyed the atmosphere of the restaurant you recommended.

⑤ Sue's office is on the top floor of this building.

⑥ I live within walking distance of the branch office.

⑦ We were all suspicious of the reliability of the results of the statistical survey.

⑧ Would you like to come to a casual get-together on Tuesday?

⑨ What time are you expecting to arrive at the conference hall?

⑩ What you just explained, however, was not the very best answer to the question.

解説　①spend on ...ing の on は省略可能／②half past two は2時を半分過ぎた→2時30分で、時刻を表すので at を使う／③morning, afternoon, evening は in だが、(mid)night や noon には at を用いる／④⑤部分関係を表す of ／⑥within A of B の形、支社から徒歩圏内／⑧移動を表す動詞に付く to で目的地を表す／⑩answer to... (～に対する答え)

SV ＋ 前置詞 ③

① それはこの件で私たちにプレゼンされている財政問題の解決策としては効果的ではなさそうですね。

② 私が書いたものに修正をしてくださって、どうもありがとう。

③ 私の故郷はお米の生産で有名です。

④ 近くにドルをポンドに換金してくれるところはありますか。

⑤ そのスタートアップ企業は競合他社を知的財産権の侵害を理由に批判することに決めました。

⑥ アリソンは月曜日から金曜日までマレーシアに出張です。

⑦ スティーヴは4～9月までこの企画に携わっていたが、それは彼が当初予想したよりも長かった。

⑧ 四ツ谷から本駒込まで地下鉄に乗りましょう。

⑨ 必ず彼女に新しい仕事のことを一から十まで全部教えてあげて。

⑩ このローカルなビジネスは十代から高齢者までこの土地に住んでいるすべての人々に極めて利益があるだろう。

ヒント ②修正する、校正する：make a correction ／③～で有名：be famous for... ／④ＡをＢと交換する：exchange A for B ／⑤～することを決意する：be determined to....、競合他社：competitor、侵害：violation、知的財産権：intellectual property rights ／⑦～に携わる：work on... ／⑩利益がある、有益な：beneficial

① That doesn't seem to be a very effective approach to solving the financial problem that this case is presenting us with.

② Thank you so much for making a correction to my writing.

③ My hometown is famous for rice production.

④ Is there any place nearby to exchange dollars for pounds?

⑤ The start-up company was determined to criticize their competitor for the violation of their intellectual property rights.

⑥ Allyson will be away on a business trip to Malaysia from Monday to Friday.

⑦ Steve worked on this project from April to September, which was longer than he initially expected.

⑧ Let's take a subway from Yotsuya to Hon-komagome.

⑨ Make sure to teach her about her new job from A to Z.

⑩ This local business will be very beneficial to all those who live in this area from teenagers to the elderly.

解説　①approach to ...ing（〜に対するアプローチ）、to の後ろは動詞の原形ではないので注意／②③ for は理由を表す／④ for は交換を表す／⑤ criticize A for B は、B の理由で A を非難する／⑥月〜金曜日まで（時間）／⑦４〜９月まで（期間）／四谷から本駒込まで（移動）／⑨ from A to Z は「一から十まで」を意味する熟語／⑩「子供からお年寄りまで」を表す定型表現

SV + 前置詞 ④

① 彼は今日までに私に折り返すと言っていた。

② 彼はきっと1時間後には最新の情報を私たちに知らせてくれることでしょう。

③ あなたの答えを月曜日までは待っていられます。

④ あなたは必ず明日までに申込書を提出しなければなりません。

⑤ この件は私が東京のオフィスに戻るまでお待ちいただけますか。

⑥ 今朝から雨が降ったり止んだりしている。

⑦ 彼は今朝出社して以来、ずっとこの経理の課題に取り組んでいる。

⑧ 深刻な腎臓の問題を抱えていることを発見して以来、健は2、3週間入院している。

⑨ 新任の主任が建物から出てきて、最寄りのコーヒー店へ直行した。

⑩ 彼女のいるビルは郵便局の向かいに位置している。

ヒント　①今日までに：by today ／②〜に折り返す：get back to...、最新情報：updated information ／④提出する：submit、申込書：application (form) ／⑥雨が降ったり止んだりする：rain on and off ／⑦経理、会計：accounting ／⑧入院させる：hospitalize、腎臓：kidney ／⑨〜に直行する：go straight to...

56

① He said he would get back to me by today.

② I'm sure he will get back to us with the updated information in an hour.

③ I can wait for your answer until Monday.

④ You must submit your application form by tomorrow for sure.

⑤ Could it wait until I come back to the Tokyo office?

⑥ It has been raining on and off since this morning.

⑦ He has been working on this accounting task since he came to the office this morning.

⑧ Ken has been hospitalized for a couple of weeks since he discovered he had a serious kidney problem.

⑨ The new manager came out of the building and went straight to the nearest coffee shop.

⑩ Her building is located across from the post office.

解説 ①by は期限を表す。within today なら「今日中に」／②未来表現の中で出てくる時間を表す in は「〜後」の意味／③⑤の until は「〜までずっと」（継続）の意味を表すが、それに対して④の by は「明日まで」の意味で期限を表すので、混同注意／⑥⑦⑧ since は「〜以来、〜から」の意味で行動の開始時点を表す／⑨ out of... （〜から外へ）／⑩ across from... （〜の向かいに）

SV ＋ 前置詞 ⑤

① 新しい議長は現職の役員の中から選ばれ、新しい議長が女性となることをみんな期待しています。

② 急速な世界経済の国際化に伴い、国際取引が増えつつある。

③ 私たちのサービスは南アメリカの国々で広く受け入れられている。

④ 私が訪問する前に会議の最終決定議題をお知らせしますよ。

⑤ 会議に先立って、必要な書類を受け取るでしょう。

⑥ パンデミックの間はこの宿泊施設は閉鎖しています。

⑦ 2時ぐらいにもう一度ここで待ち合わせましょう。

⑧ 雨季の終わりになるに従って湿気が劇的に上がります。

⑨ 来週以降に、空調システムのメンテナンスがあります。

⑩ この会計年度の最後に、効果的な在宅ワークに関するワークショップを企画します。

ヒント　①議長：chairperson、～するはず、～するつもりで：be supposed to...、現役の、現職の：in-service、役員：executive officer ／②国際取引：International transaction ／⑥宿泊：accomodation、パンデミック：pandemic ／⑧湿気：humidity ／⑨空調、換気：ventilation、以降に：onwards ／⑩会計年度：fiscal year

① The new chairperson is supposed to be chosen from among the in-service executive officers and everyone is expecting the new chairperson to be a female.

② International transactions are growing along with the rapid globalization of the world economy.

③ Our service has been well received in countries throughout South America.

④ I'll let you know the finalized agenda items for the meeting in advance of my visit.

⑤ You'll receive the necessary documents prior to the meeting.

⑥ This accomodation facility will remain closed during the pandemic period.

⑦ Let's meet up here again at around two o'clock.

⑧ The humidity will dramatically go up toward the end of the rainy season.

⑨ The maintenance of the ventilation system will take place from next week onwards.

⑩ We'll organize our workshop on effective teleworking at the end of this fiscal year.

解説　①from among は「（リストなど）〜の中から」／②along with... は「〜に沿って」の意味／③throughout は「〜を通して、〜の中、すべて」の意味／④in advance of... は「〜に先立って」の意味／⑤prior to... は「〜の前に」の意味／⑥during は「〜の間に」の意味で前置詞、似た意味の while は接続詞／⑦時間を表す at に、「約」の意味を表す around ／⑧towards（〜に向かって）／⑨from A onwards（A から［その先］ずっと）／⑩最初・最後を表す at

147

SV ＋ 不定詞 ①

① 第二四半期の補正案について再考している時間はあまりない。

② このネットワーキングサービスについて他に何か聞いておきたいことはありますか。

③ ネットワークセキュリティを改善できる能力のあるエンジニアを誰か知りませんか。

④ このワークショップは、職場環境においてジェンダーの平等に対する意識を高めるのに効果的な方法の１つだ。

⑤ 在宅ワークの生産性を高めるには、ファイルを管理し共有するためのオンライン・プラットフォームが必要です。

⑥ 私たちには選べるプレゼンのテンプレートがあまりない。

⑦ 健は今朝寝坊でもして髪をとかす時間もなかったのだろうか。

⑧ この教科書は読みづらいが、参照するには役立つ。

⑨ 休憩中、空気の入れ替えのために、アキラは窓を開けた。

⑩ コンサルタントになるため、アレクサンダーは大学院で一生懸命勉強した。

ヒント ①第二半期：second quarter、補正案：amendment ／ ③能力のある：qualified ／④ジェンダーの平等：gender equality、職場環境：working environment ／⑤生産性：efficacy、在宅ワーク：telework ／⑦（髪を）とかす：comb ／⑧～を参照する：refer to... ／⑨休憩中：during the break ／⑩コンサルタント：consultant

58

① We have <u>little time</u> to revise the second quarter amendment.

② Have you got <u>anything else</u> to ask about this networking service?

③ Do you know <u>any qualified engineer</u> to improve network security?

④ This workshop is <u>one of the effective methods</u> to raise our awareness of gender equality in our working environment.

⑤ To raise the efficacy of our telework system, we need <u>an online platform</u> to organize and share files.

⑥ We have <u>few presentation templates</u> to choose from.

⑦ Did Ken oversleep this morning and have <u>no time</u> to comb his hair?

⑧ This textbook is hard to read, but useful to refer to.

⑨ During the break, Akira opened the windows to get some fresh air.

⑩ Alexander studied hard in graduate school to become a consultant.

解説 ①to 以下が little time を修飾／②to 以下で、anything の内容を表す／③to 以下で、engineer に必要とされることを表す／④to 以下が methods を修飾／⑤to organize 以下が platform を修飾／⑥to 以下が templates を修飾／⑦to 以下が no time を修飾／⑧to read は hard を、to refer to は useful をそれぞれ修飾／⑨to get 以下は open the windows の目的を表す／⑩to become 以下は、studied の目的を表す

SV ＋ 不定詞 ②

① 会議を妨げないように、マーティンは部屋に静かに歩いて入ってきた。

② 彼に納得してもらうために、私たちが今できることは何もないようです。

③ このアイデアを実現するためにもう一度最初から考えてみよう。

④ 忘れることのないように書き留めておくよう強く助言します。

⑤ 果樹園から害虫を駆除するために殺虫剤が使われた。

⑥ 終電を逃さないように急いだ方が良い。

⑦ 体重を増やさない目的から、私はあまり外食をしません。

⑧ 余計な論争を回避するためにこの話題はいったん置いておきましょう。

⑨ 会議中にそんなことを言うなんて、彼は馬鹿者に違いない。

⑩ 空港のトイレにパスポートを置き忘れるなんて、私は不注意だった。

ヒント　①〜を妨げる：interrupt ／②〜を納得させる：convince ／③ A を実現する：put A into practice ／④ A を書き留める：write A down ／⑤殺虫剤：pesticide、〜を取り除く：get rid of....、害虫：harmful insect、果樹園：orchard ／⑥終電：final train ／⑦体重を増やす：gain weight ／⑧論争：conflict ／⑨会議：conference

59

① Martin walked into the room quietly trying not to interrupt the meeting.

② There seems to be nothing we can do now in order to convince him.

③ Try to start from scratch again in order to put this idea into practice.

④ I strongly advise you to write it down in order not to forget it.

⑤ Some pesticides were used so as to get rid of harmful insects from the orchard.

⑥ You should hurry up, so as not to miss the final train.

⑦ I don't often go out to eat for the purpose of not gaining weight.

⑧ For now, let's put this topic aside for the sake of avoiding unnecessary conflict.

⑨ He must be an idiot to say such a thing during the conference.

⑩ I was careless to leave my passport in the restroom at the airport.

解説　①目的を表す to 不定詞の否定形で、to の前に not を置く／②③④ in order to... 以下は、目的を表す表現／⑤⑥ so as to... 以下は、目的を表す表現。in order to... の方がよりフォーマルな表現に聞こえる／⑦⑧ for the purpose of... / for the sake of... は in order to... / so as to... のように目的を表す表現だが、to 不定詞ではないので of の後ろは ing 形となる／⑨⑩ to 以下は彼が idiot だと判断した理由や私が careless であった理由を表す

SV ＋ 不定詞 ③

① 今日は上司に会わなくてとても安心した。

② コンペで1位になって私たちは誇らしかった。

③ スーは自分のプロポーザルが受け入れられなかったのでとても落胆しているように見えた。

④ ライブ会議の議事録を作成するための自動化されたサービスを実装する方法についての彼女の提案を実際には誰も評価していないことがわかって、彼女は不満に感じた。

⑤ あんな会社内の噂を信じてしまっていたなんて、何て私は馬鹿者だったのだろう。

⑥ 彼女に何て言ったらいいのか彼にはわかりませんでした。

⑦ 彼のビジネスに関してパンデミックによって与えられた被害を考慮して次に何をしたら良いのか、彼は理解していないようです。

⑧ 収入源を拡大するためにどちらのルートを選んだら良いのか、私はまったくわかりません。

⑨ 彼らはそこからどこへ行ったら良いのかまったくわかりませんでした。

⑩ パーティーに誰を呼ぶべきで、誰を呼ばないべきかを私たちはまだ話し合っています。

ヒント ①安心させる：relieve ／②1位を取る：win the first prize ／③落胆させる：discourage ／④不満に思わせる：frustrate ／⑤噂：gossip ／⑥何か言うべきこと：what to say ／⑦〜を考慮して、〜の観点から：in light of... ／⑧収入源：revenue source

60

① I felt so relieved not to see my boss today.

② We were so proud to have won first prize at the competition.

③ Sue looked really discouraged not to have her proposal accepted.

④ She felt frustrated to find that no one actually appreciated her suggestion on how to implement an automated service for taking live meeting minutes.

⑤ What a fool I was to have believed that office gossip.

⑥ He didn't know <u>what</u> to say to her.

⑦ He doesn't seem to understand <u>what</u> to do next in light of the damage inflicted by the pandemic on his business.

⑧ I have no idea <u>which route</u> to choose in order to expand revenue sources.

⑨ They had no idea <u>where</u> to go from there.

⑩ We are still discussing <u>who</u> to invite to the party and <u>who</u> not to.

解説　①③ not to 以下は relieved や disappointed の感情の理由／② to have won 以下は proud の判断理由／④ to 以下は frustrated の感情の理由／⑥⑦ what to... の to 不定詞以下は what を後置修飾して「～すべきことは何か」と訳すとスムーズ／⑧ which は後ろの route とセットで「どちらのルート」と疑問詞的なカタマリを作り、to have を後置修飾／⑨ to go 以下が where を修飾して「どこに行くか」／⑩ who to invite（誰を招待するか）

153

SV + 不定詞 ④

① その壁を塗るのに何色を使ったら良いのか、私の意見を言ってもよろしいかしら。

② 市役所に行くのにどのバスに乗ったら良いのか、私たちはわかりません。

③ 熟考の末、私の父はようやくどのパソコンを買うべきか決めました。

④ マーティンの息子は善悪の区別がつく年頃のはずだ。

⑤ スライドデッキのフォントは必ずみんなが見えるように大きくしておいてください。

⑥ うーん、彼は分別のある人なので、彼の上司からの長い説明もなくそのようなことはしないと私は信じていますが。

⑦ 彼の英語力はもうセミナーの内容がわかるぐらいには十分高い。

⑧ 健はとても優しいので、自分の仕事でかなり忙しかったにもかかわらず、私のためにその資料を英語に翻訳してくれた。

⑨ 彼はそんな社内の噂を真面目に受け取るほど愚かではない。

⑩ 今朝私は急いでいたので、携帯電話を持ってくるのを忘れてしまった。

ヒント　②市役所：City Hall ／③熟考：careful consideration ／④善悪の区別をする：tell good from bad ／⑤必ず～するよう確認する：make sure....、スライドデッキ、（プレゼン用ソフトの）資料集：slide deck ／⑥分別がある：sensible ／⑦内容：content ／⑧ A を B に翻訳する：translate A into B ／⑨噂：gossip

61

① May I say my opinion about <u>what color</u> to use to paint the wall?

② We don't know <u>which bus</u> to take to City Hall.

③ After careful consideration, my father finally decided <u>which computer</u> to buy.

④ Martin's son must be old enough to tell good from bad.

⑤ Make sure the fonts in your slide deck are large enough for everybody to read.

⑥ Well, I trust he is sensible enough not to do such a thing without a lengthy explanation from his boss.

⑦ His English is already good enough to understand the content of the seminar.

⑧ Ken was so kind as to help me translate the document into English even though he was quite busy with his own tasks.

⑨ He is not so foolish as to take that office gossip seriously.

⑩ This morning, I was in such a hurry as to forget to bring my mobile phone.

解説　① to paint は what color を修飾して「何色で塗るべきか」／② which bus to take（どちらのバスに乗るべきか）／③ which computer to buy（どちらのパソコンを買うべきか）／④ enough to 以下は、old（年齢）の程度／⑤ for は to 以下の意味上の主語を表す／⑥ enough to の否定形は to の前に not を置く／⑧ so ... as to で程度を表す、否定文の場合は⑨のように not so ... as to の形になる／⑩名詞を修飾する場合には such a ... as to の形を用いる

155

SV＋不定詞 ⑤

① この案件は少し難し過ぎるので多分彼には扱い切れない。

② 今日はとても多忙を極めたので、我々はそれ以上のことをすることはできなかった。

③ 驚いたことに、祖母は100歳まで生きた。

④ 父親や祖父と同様に、彼は成長して官僚になった。

⑤ 彼は勉学に励んでついに博士号を得た。

⑥ 炭水化物を減らして、健康維持をした方がいい。

⑦ スティーヴは上司に食ってかかって、2度と戻らなかった。

⑧ 私は車を止めて上司からの電話に出た。

⑨ 家電量販店に急いだが、リングライトはもうすべて売り切れていた。

⑩ あなたの提案は改善され、最終的には発展してすばらしいプロジェクトになった。

ヒント　①案件：issue ／②多忙を極めた：hectic ／④官僚：bureaucratic officer ／⑤博士号を得る：earn a doctoral degree ／⑥炭水化物：carb。carbohydrate の略／⑦～に食ってかかる：yell at... ／⑨家電量販店：appliance store、売り切る：sell out ／⑩提案：proposal

62

① This issue is probably a little too challenging for him to handle.

② It has been too hectic today for us to do anything more than that.

③ To my surprise, my grandmother lived to be 100 years old.

④ He grew up to be a bureaucratic officer, just like his father and grandfather.

⑤ He studied very hard, eventually to earn a doctoral degree.

⑥ You must avoid eating carbs to stay healthy.

⑦ Steve yelled at his boss, never to return again.

⑧ I stopped my car to answer a phone call from my boss.

⑨ I hurried to the appliance store, only to find that all the ring lights were sold out.

⑩ Your proposal was improved and eventually developed to be a great project.

解説　①② too... to ～は「～するには…過ぎる」、「…し過ぎて～できない」の意味で程度を表す／③ to be 以下は lived の結果／④ to be 以下は grew up の結果／⑤ eventually to earn 以下は studied の結果／⑦ never to return は yell してしまった結果／⑨ only to 以下は hurried の結果／⑩ to 以下は improve され、develop された結果

SV + 分詞 ①

① そのプレゼンのオーディエンスは熱心に聞き続けていた。

② オンラインで出席する参加者をかなり多く私たちは受け付けた。

③ 私の近所の人はこの街に住むことを楽しんでいる。

④ この街の住んでいる人はみな思いやりがある。

⑤ 1人の女性が大きなスーツケースを持って正面玄関から出てきた。

⑥ 明らかに新任の主任は英語で意見を言うことが得意ではないようだ。

⑦ 私はそのシステム技師が英語をぎこちなく話しているのを見た。

⑧ その出版プロジェクトのことを考えながら、私は車を運転していた。

⑨ 次に何を言うべきかわからず、彼は黙っていた。

⑩ アレクサンダーは講堂に入ってきて、同僚と一緒にステージまで上がってきた。

ヒント ②参加者：participant ／③近所：neighborhood ／④思いやりがある：
considerate ／⑥新任の主任：incoming chief ／⑦ぎこちなく：awkwardly ／⑧出版：
publication ／⑨言うべきこと：what to say ／⑩講堂：auditorium、同僚：colleague

63

① The audience of the presentation kept listening eagerly.

② We accepted <u>a huge number of participants</u> attending online.

③ People in my neighborhood really enjoy living in this town.

④ <u>People</u> living in this town are all considerate.

⑤ A woman came through the front gate carrying a big suitcase.

⑥ Obviously, the incoming chief is not good at presenting his ideas in English.

⑦ I saw <u>the system engineer</u> speaking English very awkwardly.

⑧ I was driving my car, thinking about the publication project.

⑨ He remained silent, not knowing what to say next.

⑩ Alexander entered the auditorium, following his colleague up to the stage.

<hr/>

解説 ① keep ...ing は動名詞の表現／② participants の状態を表す現在分詞／③ enjoy の目的語になる動名詞／④ people を補足説明する現在分詞／⑤前半部を修飾し、付帯状況を表す現在分詞／⑥ at の目的語にあたる動名詞／⑦ see A ...ing の形で、補語になる現在分詞／⑧ thinking 以下は前半部の付帯状況で「〜しながら」の意味を表す／⑨付帯状況を表す分詞表現の否定形は ing の前に not を置く／⑩ following 以下は「その結果〜する」という意味の分詞表現

SV ✚ 分詞 ②

① 私は新入社員の名前を呼び、彼女に自己紹介をするように促した。

② アキラはプレゼンのリハーサルをして、できるだけ原稿を読まないようにしていた。

③ 新しいガジェットの購入について独り言を言いながら、スティーヴが部屋に入ってきた。

④ コーヒーを飲みながら、彼は書類に非常に注意深く目を向けていた。

⑤ 本当にこの古いパソコンを再起動できるのですか。

⑥ さあ、それでは始めましょう。

⑦ 今朝目が覚めて、家がひどく揺れているのを感じた。

⑧ 不審な人が建物に入るのをちょうど見かけた。

⑨ 驚くべきことに、デイヴィッドが会議室からこっそり抜け出したことに誰も気がつかなかったのだ。

⑩ 台風が私たちが住む地域を直撃し、地場産業にダメージが出た。

ヒント ①新入社員：recruit、自己紹介する：introduce oneself ／②リハーサルを行う：rehearse、～するのを控える：refrain from... ／③独り言を言う：talk to oneself ／⑧不審な：suspicious ／⑨～からこっそり抜け出す：sneak out of... ／⑩地場産業：local industy

64

① I called the name of a recruit, asking her to introduce herself.

② Akira rehearsed his presentation, refraining from reading his script as much as possible.

③ Steve came into the room, talking to himself about purchasing a new gadget.

④ He was looking at the document very carefully, drinking coffee.

⑤ Can you really get <u>that old computer</u> working again?

⑥ So, let's get <u>the ball</u> rolling now.

⑦ This morning I woke up and felt <u>the house</u> shaking terribly.

⑧ I just observed <u>a suspicious person</u> entering the building.

⑨ Surprisingly, nobody noticed <u>David</u> sneaking out of the meeting room.

⑩ The typhoon hit our district, causing some damage to the local industries.

解説 ①結果を表す分詞構文／②③ refraining、talking 以下は同時動作を表す／④ drinking 以下は付加情報を表すので「～しながら」と訳せるが、③の例文などと比べて ing 以下の部分の情報価値は低くなる／⑤⑥ get A ...ing の形で、「A を～にする」の意味／⑦ feel A ...ing で、「A が～しているのを感じる」の意味／⑧⑨知覚動詞のような形をしているが ing 以下は目的語を後置修飾／⑩結果を表す分詞構文

覚醒編

SV＋分詞 ③

① 1日精一杯取り組んで、彼は最終的に補正予算案を完成させた。

② 上層部はもっと在宅ワークを増やすことを決定したが、その理由は感染防止のための更なる対策を講じる必要があったからだ。

③ ランサムウェアの攻撃が我々の会社のネットワークに命中し、システムダウンに追い込まれた。

④ 素早くランチを済ませた後、スーは書きかけだった勤務評定に取り掛かった。

⑤ 外国人投資家は日本の株式市場に対して悲観的になりつつあり、結果、有名企業の株式をかなり売り飛ばしている。

⑥ 先日、その歯科で親知らずを抜いてもらった。

⑦ 外国語で自分のことを理解してもらうのは難しい。

⑧ これが現地の言葉に翻訳されたパンフレットです。

⑨ SNS で広く拡散されたフェイクニュースを信じてはいけない。

⑩ ゲリラ豪雨のせいで私たちはイベントの開始を遅らせなければならなかった。

ヒント ①補正予算案：budget amendment plan ／②上層部：top management、在宅ワーク：telework ／③ランサムウェア（身代金要求型ウイルス）の攻撃：ransomware attack ／④勤務評定：performance review ／⑤悲観的な：pessimistic ／⑥親知らず：wisdom tooth ／⑧パンフレット：brochure ／⑩ゲリラ豪雨：torrential rain

65

① Working hard all day, he eventually finalized the budget amendment plan.

② Top management decided to increase telework, the reason being that additional infection prevention measures were required.

③ A ransomware attack hit our company's network, resulting in a system crash.

④ Having stopped for a quick lunch, Sue returned to the performance review she had been working on.

⑤ Foreign investors are becoming pessimistic about the Japanese stock market, selling large portions of their shares in major companies.

⑥ I had my wisdom tooth extracted at the dentist's the other day.

⑦ It's hard to make yourself understood in a foreign language.

⑧ This is the brochure translated in the local language.

⑨ Don't believe "fake news" shared through social media.

⑩ We had to have the opening of the event delayed due to torrential rain.

解説 　①理由を表す分詞構文／②理由を表す分詞構文。the reason being... は口語でも文語でも使える／③結果を表す分詞構文。result in...（〜の結果となる）／④⑤結果を表す分詞構文／⑥⑩ have + A +過去分詞で、「A を〜された状態にする」の意味／⑦ make oneself understood で、「自分を理解してもらう＝自分を表現する」の意味／⑧ translated 以下は brochure を後置修飾／⑨ shared 以下は fake news を後置修飾

SV + 分詞 ④

① 鎌倉のおだやかな空気に囲まれているので、この研修施設は我々の新任トレーニングのための最善の選択だ。

② 丘の上に建てられているので、このオフィスからは街の景色がよく見える。

③ 近年、急速に改善されているので、AI を利用した翻訳システムは近い将来、もっとずっと使いやすくなるだろう。

④ 批判的にかつ徹底的に分析されれば、この統計データは私たち全員にとってとても有益な情報となるだろう。

⑤ 私の周りの大勢が大声で喋っていて、仕事のチェックに集中することができなかったよ。

⑥ ウェブ会議の前、部長が目を細めてノートパソコンの画面とにらめっこをしていた。

⑦ デイヴィッドが腕を組み、しかめっ面をして私たちの前にたたずんでいた。

⑧ ご自分が話をしていない時はミュートにして、このオンライン会議にご参加ください。

⑨ ビデオをオフにしている参加者が多くて、私たちは多少がっかりした。

⑩ スティーヴは、どうやらお客さんに印象付けることはできたが、契約を取ることはできなかった。

ヒント ②～の景色がよく見える：command a fine view of... ／③ AI を利用した：AI-based ／④批判的に：critically、徹底的に：thoroughly ／⑤～に集中する：concentrate on... ／⑥まぶた：eyelid、（目を）細める：droop ／⑦しかめっ面：frown ／⑨消す、オフにする：turn off ／⑩契約を取る：get a contract

① Surrounded by the relaxing atmosphere of Kamakura, **this training centre is by far the best choice for our freshman training.**

② Built on the top of a hill, **this office building commands a fine view of the city.**

③ Greatly improved in recent years, **AI-based translation systems will be much more usable in the near future.**

④ Analyzed critically and thoroughly, **this statistical data will be very informative for all of us.**

⑤ **I couldn't concentrate on checking my work** with so many people around me talking loudly.

⑥ **Before the web conference, the manager was looking at his laptop computer screen** with his eyelids drooping.

⑦ **David stood in front of us** with his arms folded and with a frown on his face.

⑧ **Please make sure to join this online meeting** with yourselves muted when (you're) not speaking.

⑨ **We were a little disappointed that so many people participated** with their video turned off.

⑩ Though apparently impressing his client, **Steve wasn't able to get the contract.**

解説　①理由を表す分詞構文。「～されているので」の意味／②③理由を表す分詞構文。①に比べて一般的な理由を表している／④結果や予想を表す分詞構文／⑤⑥⑦⑧⑨ with A ＋ ...ing（現在分詞）あるいは ...ed（過去分詞）で、付帯状況を表す表現／⑩ though は譲歩を表す表現で、「～にもかかわらず」の意味

覚醒編

SV + 分詞 ⑤

① この教科書は、一度通して読めば、ずっと記憶に残るものとなるでしょう。

② 1日一生懸命働いて、アレクサンダーは疲れ果てているようだ。

③ ウェブ会議室に入るとすぐ、ほとんど人がいないことがわかった。

④ 他の条件が一緒なら、価格の違いは決定的だろう。

⑤ これ以上反対意見が出なかったので、企画はようやく通った。

⑥ すべてのことを考慮して、この案は軽微な修正を加えて採用されるべきという結論になりました。

⑦ そう言えば、新任の主任のために歓迎会をやる予定をもう立てたんでしたか。

⑧ 厳密に言えば、モラルハラスメントは差別の一種だ。

⑨ 彼が言ったことが正しいとしたら、それでもこれがベストな選択肢だとあなたは思いますか。

⑩ とは言ったものの、個人的にはあなたの意見は費用対効果の観点から現実的だと思います。

ヒント ①〜の記憶に残る：remain in one's mind ／②疲れ果てた：exhausted ／④決定的：decisive ／⑤企画、提案：proposal ／⑥軽微な修正：minor change ／⑦歓迎会：welcoming party ／⑧差別：discrimination ／⑨彼が言ったこと：what he said ／⑩現実的：practical、費用対効果：cost-benefit、観点：perspective

67

① This textbook, once read thoroughly, will remain in your mind forever.

② After working hard all day, Alexander looks exhausted.

③ I found there were only few people present as soon as entering the web meeting room.

④ Other things being equal, the difference in price should be decisive.

⑤ There being no more disagreement, the proposal was finally accepted.

⑥ All things considered, we concluded that this plan must be accepted with some minor changes made.

⑦ Speaking of which, have we organized a welcoming party for the incoming manager?

⑧ Strictly speaking, moral harassment is a type of discrimination.

⑨ Supposing that what he said is true, do you think this is still the best choice?

⑩ Having said all that, I personally think your opinion sounds very practical from the cost-benefit perspective.

解説 ①once は「ひとたび〜すると」の意味／②after は「〜の後」を表す／③as soon as で１つの接続詞表現。「〜するとすぐに」の意味／④条件を表す／⑤理由を表す／⑥定型表現的な言い方で、条件を表す／⑦⑧定型表現的な言い方で、それぞれ「そう言えば」、「厳密に言えば」という意味／⑨条件を表す／⑩譲歩を表す表現

SV＋関係詞 ①

① 我々はマルチリンガルの人をさらに数人採用したいと思っている。

② ネットワーク構築の経験がある人を誰か知りませんか。

③ 夜勤が可能な人はこのオフィスにはあまりいない。

④ 大きな街に住んでいる人の方が、多くのビジネスチャンスに恵まれる傾向があります。

⑤ これが、去年リノベをした私たちの新しいオフィスです。

⑥ お隣りの人が、490ドルもする新しい通勤用の自転車を買った。

⑦ あなたの会社には家に持ち帰ることのできるノートパソコンはありますか。

⑧ このソフトが、外国語での取引の際に私たちがよく使っている機械翻訳プログラムです。

⑨ 国立技術博物館は、私が長年訪れたいと思っているところです。

⑩ これが、この地域の住民に水を供給している貯水タンクです。

ヒント ②ネットワーク構築：network engineering ／③夜勤で働く：work a night shift ／④ビジネスチャンス：business opportunity ／⑤リノベする：renovate ／⑥お隣りの人：neighbor、通勤する：commute ／⑦ノートパソコン：laptop computer ／⑧機械翻訳：machine translation、使う、頼りにする：rely on ／⑩貯水槽：reservoir

68

① We want to hire <u>a few more employees</u> who are multilinguals.

② Do you know <u>anyone</u> who is experienced in network engineering?

③ There are <u>few people</u> in this office who can work a night shift.

④ <u>People</u> who live in bigger cities will have more business opportunities.

⑤ This is <u>our new office</u> which was renovated last year.

⑥ My neighbor bought <u>a new bicycle for commuting</u> which cost him as much as 490 dollars.

⑦ Does your company have <u>a laptop computer</u> which you can bring home?

⑧ This software is <u>the machine translation program</u> which we often rely on while transacting in a foreign language.

⑨ The national engineering museum is <u>a place</u> I have long wanted to visit.

⑩ This is <u>the reservoir</u> which provides water for residents of this area.

解説　① are の主語の役割／② is experienced の主語の役割／③ can work の主語の役割／④ live の主語の役割で、文中に関係詞節を挿入／⑤ was renovated の主語の役割／⑥ cost の主語の役割／⑦ bring の目的語の役割／⑧ rely on の前置詞の目的語の役割／⑨ visit の目的語（場所を表す場合は必ず where を使うわけではないので注意）／⑩ provides の主語の役割

覚醒編

SV＋関係詞 ②

① スーは前任者と違って理想的なマネージャーだと私は思います。

② 私たちは傲慢な人が好きではないが、今の彼がまさにそれだ。

③ あ、ぼくは君が持っている USB バッテリーと同じのを持ってるよ。

④ 残念なことに、あれが今回、我々の規約に対して施される唯一の新しい変更点だ。

⑤ 私たちのビジネスが追求している、最もシンプルでかつ重要なテーマは、知的好奇心です。

⑥ 今日あなたが読むメールはどれも、CEO の辞任の話で持ちきりだろう。

⑦ その白髪の紳士は、私たちが昨日会った方ですが、私たちの公認会計士だったのです。

⑧ 中島さんは、今は台湾に拠点がありますが、彼も私たちに合流します。

⑨ 彼は問題を解決しようとしたが、それは不可能だった。

⑩ 私はこのパソコンを前回のプレゼンで使いましたが、その性能は最悪でした。

ヒント ①前任者：predecessor ／②傲慢な：arrogant ／③ USB バッテリー：USB power bank ／④残念なことに：unfortunately、規約：bylaw ／⑤知的好奇心：intellectual curiosity ／⑥辞任する：step down ／⑦公認会計士：certified public accountant

69

① I think Sue is <u>the ideal manager</u> which her predecessor was not.

② We dislike <u>the arrogant man</u> that he is now.

③ Oh, I have <u>the same USB power bank</u> that you have.

④ Unfortunately, that's <u>the only new change</u> that will be made to our bylaws this time.

⑤ <u>The simplest but most fundamental theme</u> that our business is pursuing is intellectual curiosity.

⑥ <u>Any e-mail</u> that you may read today will be all about the CEO's stepping down.

⑦ <u>The gentleman with grey hair</u>, who(m) we met yesterday, was our certified public accountant.

⑧ <u>Mr. Nakajima</u>, who is based in Taiwan now, is joining us, too.

⑨ He tried to solve the problem, which was impossible.

⑩ I used <u>this computer</u> for my presentation last time, whose performance was terrible.

解説　① was (not) の補語の役割、職位などの概念を表すものについては which を用いる／② is の補語の役割で、who/which は不可／③ have の目的語、which は不可／④ will be made の目的語で、which は不可／⑤ is pursuing の目的語で、文中に関係詞節を挿入／⑥ read の目的語で、文中に関係詞節を挿入、which よりも that の方が自然／⑦⑧文中に関係詞節を挿入／⑨ was の主語の役割で、先行詞は前半の部分すべて／⑩ performance の所有代名詞の役割

覚醒編

SV ＋ 関係詞 ③

① あのビジネス英語の教科書は、アレクサンダーが我々に勧めてくれたものだが、とても実用的で示唆に富むものだ。

② 彼はコンサルタントの手本で、私は将来そのような人になりたい。

③ 我々が昨日見た説明のビデオは、とても複雑だった。

④ 私たちが空港で会った男性は、とても有名なオーストラリア人のアーティストでした。

⑤ 懇親会で話をしていた営業の人は、私には違った内容を話してくれましたよ。

⑥ 私は初めその手のサービスについて、実際のところとはまったく間違った印象を抱いていた。

⑦ 私たちの VR を利用した遠隔通信サービスに関して私たちに相談したいクライアントがいます。

⑧ 全員が、新しい AI ベースの機械翻訳サービスを使いこなせるわけではないのです。

⑨ 午後、CEO が話すことを注意深く聞いておいてください。

⑩ これは私たちが購入しようと思っていたものでは決してありません。

ヒント　①実用的な：practical、示唆に富む：insightful ／②手本となるような、傑出した：outstanding ／③とても複雑な：super complex ／⑤営業の人、セールスマン：sales rep、懇親会：reception ／⑥初めは、最初は：initially ／⑦ VR を利用した：VR-based、遠隔通信、電気通信：telecommunication ／⑧機械翻訳：machine translation

① **That business English textbook,** which Alexander recommended to us, **looks very practical and insightful.**

② **He is** an outstanding consultant, which I really want to become in the future.

③ **The instruction video** [which] we watched yesterday **was super complex.**

④ The man [whom] we saw at the airport **was a very famous Australian artist.**

⑤ The sales rep [whom] I was talking with at the reception **told me a different story.**

⑥ **Initially, I had** a totally inaccurate understanding of the sort of service [that] it actually is.

⑦ **There is** a client [who] wants to consult with us about introducing our VR-based telecommunication service.

⑧ **It is not** everyone [who/that] can gain a perfect command of the new AI-based machine translation service.

⑨ **Please carefully listen to** what the CEO is going to talk about this afternoon.

⑩ **This is not at all** what we wanted to purchase.

解説　① recommended の目的語の役割、文中に関係詞節を挿入／② become の補語の役割、職位などの概念を表す場合には who にはならない／③ watched の目的語の役割で省略可／④ saw の目的語の役割で省略可、文中に関係詞節を挿入／⑤ taking with の目的語の役割で省略可、文中に関係詞節を挿入／⑥ is の補語の役割で省略可／⑦ wants の主語の役割で省略可／⑧ can gain の主語の役割で省略可、強調構文／⑨⑩関係代名詞の what

覚醒編

SV ＋ 関係詞 ④

① この USB メモリーに入っているデータは、私がずっと探していたものです。

② お客さんが興味があるのは、私たちが実際に何を生み出すかであり、私たちが何ができるか、ではないのです。

③ その分岐点で道を間違ったということはない。

④ ダニーは数年前にメルボルンに戻り、そこで MBA を取得する予定だった。

⑤ 私がステージに立っていた位置からアレクサンダーが見えた。

⑥ いつ事故が起きたのか、正確な時間はまだわかっていない。

⑦ CEO が大規模な買収を発表した日を、私たちが忘れることは決してないだろうなあ。

⑧ 2019 年は新型コロナウイルスの突発が始まった、忘れられない年です。

⑨ スーが深夜まで起きていると、彼女の上司が最終承認のための返信をくれた。

⑩ 在宅ワークのおかげで、まったく通勤しなくていい日がやって来るのだろうか。

ヒント ②お客さん、顧客：customer ／③道を間違う：go wrong ／④（資格などを）取得する：earn ／⑥正確な：exact ／⑦買収：acquisition ／⑧新型コロナウイルス：novel coronavirus、突発：outbreak ／⑨〜に返信する：get back to....、最終承認：final approval ／⑩通勤する：commute、在宅ワーク：telework

174

71

① The data set in this USB memory stick is what I've been looking for.

② Our customers are interested in what we actually produce, not what we can do.

③ That's not <u>the point</u> where we went wrong.

④ A few years ago Danny went back to <u>Melbourne,</u> where he planned to earn his MBA.

⑤ I was able to see Alexander from <u>(the place)</u> where I was standing on the stage.

⑥ <u>The exact time</u> when the accident happened is still unknown.

⑦ We will never forget <u>the day</u> when the CEO announced the big acquisition.

⑧ <u>The year 2019,</u> when the novel coronavirus outbreak started, is a year we'll never forget.

⑨ Sue sat up until <u>midnight,</u> when her boss got back to her with the final approval.

⑩ Will <u>the day</u> come when we don't need to commute to work at all thanks to telework?

解説 ①②関係代名詞の what ／③ went wrong の後ろの前置詞句（at the point）／④この節の中の前置詞句（in Melbourne）／⑤この節の中で前置詞句（from the place）／⑥この節の中で前置詞句（at the exact time）、関係詞節を文中に挿入／⑦この節の中で前置詞句（on the day）／⑧節中で前置詞句（in the year）、文中に関係詞節をコンマ付きで挿入／⑨この節の中で前置詞句（at midnight / at that timing）／⑩この節の中で前置詞句（on the day）

覚醒編

SV +関係詞 ⑤

① 色々考えると、私たちのチームにとってベストな時というのは、全員のメンバーが対面で集まれる時なのだ。

② あなたが育った環境というものは、あなたが何者であるかを定義づけるものではない。

③ あれが、その本が書かれた究極の目的なのだ。

④ スティーヴ、あなた以外に校正をお願いできるのは誰もいないのよ。

⑤ ところで、今日はワークショップが元々予定されていた日だ。

⑥ 去年の夏の出張中に泊まったホテルからは、台北の景色がよく見えた。

⑦ もし単語の意味がわからなくても、特にビジネスでは、それが使われているコンテクストから意味を推測することができます。

⑧ マーティンは誰と話していても、みんなに思いやりがある。

⑨ アレクサンダーは温かい人柄のおかげで、どこで仕事をしても好かれる。

⑩ 私はあなたが使っていない方のタブレットPCを持っていくことにするよ。

ヒント ①色々考えると：all things considered ／②環境、境遇：circumstances、定義する：define ／④～をお願いする、～を求める：go for...、校正：proofreading ／⑤ところで：by the way ／⑥～の良い眺めが得られる：command a fine view of... ／⑧思いやりがある：considerate ／⑨好かれて：well-liked

176

① All things considered, the best time for our team is when all the members get together face to face.

② The circumstances in which you grew up don't define who you are.

③ That's the ultimate purpose for which the book was written.

④ There's no one other than you to whom I can go for proofreading, Steve.

⑤ Today is the day for which the workshop was originally scheduled, by the way.

⑥ The hotel at which we stayed last summer during our business trip commands a fine view of Taipei.

⑦ Even if you don't know the meaning of a word, you can guess it from the context in which it is used, especially in business.

⑧ Martin is considerate to everyone, no matter who he is talking to.

⑨ Thanks to his warm personality, Alexander is well-liked wherever he works.

⑩ I'll take whichever tablet PC you're not using.

解説　①先行詞が省略され、when の節全体で主節 is の補語に／② in the curcumstances が変化、where も可／③ for the purpose が変化／④（go）to you が変化／⑤（scheduled）for the day が変化、when も可／⑥（stayed）at the hotel が変化、where も可／⑦ in the context が変化、where も可／⑧ whoever / whomever に置き換え可能／⑨ no matter where に置き換え可能／⑩主節 take の目的語

177

SV ＋ 関係詞 ⑥

① ご都合の良い時にいつでも遠慮せずに私に会いに来てくださいね。

② 彼の最近の書籍は、一冊2,000円するが、とてもよく売れている。

③ その本には2冊その本がありますが、両方とも貸し出し中です。

④ 私はプロジェクトチームのメンバーに私の案を提案して、多くは賛成だった。

⑤ 我々のチームはデジタルコミュニケーションに多くの可能性を見出しています。まだ十分に理解されていませんが、将来性はあると思います。

⑥ 機械翻訳のサービスは、その信頼性について疑問が残る部分もありますが、上手に使えば便利なものです。

⑦ 成功とは常に、最後の一踏ん張りが一番大事だ。

⑧ 我々のネットワークは型が古く、さらに悪いことには、パソコンも型落ちしたものだ。

⑨ 知っているかもしれませんが、デイヴィッドとジョーは先日、その案に関して言い争いをしたのです。

⑩ 本当に必要な数よりもたくさんのモバイル Wi-Fi ルーターがすでにあります。

ヒント　①〜するのをためらう、遠慮する：hesitate to.. ／③〜冊：copy、貸し出し中の：out on loan ／④〜に賛成して：in favor of... ／⑤将来性のある：promising ／⑥疑問が残る、疑わしい：questionable ／⑦最後の一踏ん張り：the final effort ／⑧型が古い：old-fashioned、型落ちした：outdated ／⑨言い争い：quarrel

73

① Please don't hesitate to come and see me whenever it's convenient for you.

② His latest book, <u>the price</u> of which is 2,000 yen, is selling very well.

③ The library has two copies of the book, <u>both</u> of which are out on loan.

④ I proposed the plan to my project team members, <u>many</u> of whom were in favor of it.

⑤ Our team foresees a lot of possibilities in connection with digital communication, <u>the potential</u> of which has not been fully discovered yet but is promising.

⑥ Machine translation services, <u>the reliability</u> of which is still questionable, can be helpful when used effectively.

⑦ As is always the case with success, the final effort was the most important.

⑧ Our network is old-fashioned, and what is worse, the computers are outdated.

⑨ As you may know, David and Joe had a quarrel over the plan the other day.

⑩ There are already <u>more mobile Wi-Fi routers</u> than are really needed.

解説 ①主節の中で前置詞句の役割／② is の主語の役割で、文中に関係詞節を挿入／③ are の主語の役割／④ were の主語の役割／⑤ has（not）been の主語の役割／⑥ is の主語の役割／⑦定型表現で、「～には常だが」の意味／⑧定型表現で「さらに悪いことには」の意味／⑨ as の擬似関係代名詞と呼ばれる使い方で、定型表現的／⑩ than の擬似関係代名詞と呼ばれる使い方で、下線部が先行詞となる

SV ＋ 接続詞 ①

① スティーヴは作業中、スーは出張に行ってしまって、そしてダニーは
　プレゼンの準備中です。

② 私は普段、車を運転して通勤しますが、今朝はバスに乗りました。

③ それはとても良いオフィススペースでしたが、そのビルには駐車場があ
　りませんでした。

④ 一緒に来てほしいですか、それともここで待っていた方がいいですか。

⑤ 仕事面だけでなく、英語の勉強でもベストを尽くしなさい。

⑥ 問題は副社長がその新商品のデザインが気に入らなかったということ
　だ。

⑦ 彼がそれを悪気なしに言ったという事実を我々はみな知っている。

⑧ 機械翻訳サービスをもっと活用すべきだと、私は思う。

⑨ 今日は一日中雨で、イベントが延期になるのではないかと私は心配して
　いた。

⑩ 健が我々に質問したことは、予算面ではなく、技術面のことであったと
　いうことがわかった。

ヒント　①出張：business trip ／③駐車場：parking lot ／⑥副社長：vice president
／⑦悪気なしに、何気なく：innocently ／⑧活用する：utilize ／⑨延期する：postpone ／
⑩予算（面）の：financial、技術（面）の：technological

① Steve is at work, Sue has gone on a business trip, and Danny is preparing for his presentation.

② I usually drive to work, but I took the bus this morning.

③ It's a very nice office space, but the building doesn't have a parking lot.

④ Do you want me to come with you, or should I wait here?

⑤ You must do your best not only at work, but also with your English studies.

⑥ The problem was that the vice president didn't like the design of the new product.

⑦ We all know the fact that he said it innocently.

⑧ I think that we should utilize the machine translation service more.

⑨ I was worried that it would rain all day today and the event would be postponed.

⑩ We found out that the question Ken asked us was not financial, but technological.

解説 ① Steve、Sue、Danny をそれぞれ主語にする文を結ぶ／②③ but で文同士を対比する／④ A, or B で、「A しなさい、さもなければ、B になる」という意味になる／⑤ not only A but also B（A だけでなく B も）／⑥ that 以下は主節動詞 was の補語の役割、「～ということ」と訳す／⑦ that 以下は fact の同格名詞節／⑧ that 以下は think の目的語の役割／⑨ that 以下は worried (about) の目的語（about は省略）／⑩ that 以下は found out の目的語の役割

181

SV + 接続詞 ②

① 今日の世界では英語はネイティヴ・スピーカーだけの所有物ではないということをセミナーで学んだ。

② 遅くなってきたので、私たちは急いで仕事を終わらせた方が良い。

③ 私は今朝は具合が良くなかった。これは、通勤途中にゲリラ豪雨に打たれたからだ。

④ 私がこの職場を選んだのは、パンデミックになる前でさえ、豊富な在宅ワークの選択肢があったからです。

⑤ デイヴィッドが入社してから2年半になる。

⑥ 私が以前使っていたスマホに何か不具合があったので、新しいのを買った。

⑦ 私は疲れ果てている、というのも18時間もずっと働き続けているわけで。

⑧ パソコンを使ったデザインのことになればスティーヴは誰にも劣らない。

⑨ その仕事はどうやら少し難しくはあるが、不可能だとは私は思わない。

⑩ 私がオフィスを出ようとすると、ちょうどスティーヴが入ってきた。

ヒント　①〜に所属している：belong to... ／②〜した方がいい：had better ／③〜に打たれる、〜にあう：be caught in...、豪雨：torrential rain ／④豊富な：abundant ／⑥〜に不具合がある：wrong with... ／⑧〜ということになると：when it comes to... ／⑨難しい、挑戦的な：challenging

① We learned in the seminar that, in today's world, the English language does not belong to native speakers only.

② We'd better hurry up and complete the job, because it's getting late.

③ I didn't feel good this morning. This is because I was caught in torrential rain on my way to work.

④ The reason I chose this workplace was because it had abundant teleworking options even before the pandemic.

⑤ It has been two and a half years since David joined our company.

⑥ I bought a new smartphone, as there was something wrong with my old one.

⑦ I'm really exhausted, since I've been working continuously for 18 hours.

⑧ Steve is second to none when it comes to computer designing.

⑨ While the task appears a bit challenging, I don't think it is impossible.

⑩ Steve came in just as I was going out of the office.

解説　① that 以下は主節動詞 learned の目的語の役割／②③④ because 以下は、理由を表す副句節の役割／⑤ since は理由を表す接続詞としても使われる／⑥ as には様々な意味があるが、この場合は理由を表す／⑦この場合の since は一見、完了形で使われる「～以来」の意味のようだが、実は理由を表す／⑧ when it comes to... （～ということになれば）／⑨ while は「～である一方」という意味で対比を表す／⑩ (just) as は、「ちょうど～するところで」の意味で従属接続詞

覚醒編

SV＋接続詞 ③

① 私のことを批判する前に、あなたは自分が何をしたのかをもう一度見直さなければならない。

② 歳をとるに従って、新しいテクノロジーを使いこなすのが難しくなる。

③ 基本的なコードがわかりさえすれば、このプログラミングソフトは簡単ですよ。

④ もし明日大雨だったら、イベントを延期しなければならなくなるだろう。

⑤ 明日また来てこの件についてお話しさせてもらってもよろしかったですか。

⑥ 彼が本当にそれを言ったのだとすればデイヴィッドは顧客に誠実に謝罪しなければならない。

⑦ その他お問い合わせがあれば、お気軽に私たちに連絡をとってください。

⑧ あなたの助力がなければ、このタスクを期限までに終わらせることができなかっただろう。

⑨ かなり平然を装っていたが、彼はプレゼンの前、内心はひどく緊張していた。

⑩ 見た目は互いに似ているが、機能面ではそれらの商品はまったく異なる。

ヒント　①見直す：take another look、批判する：criticize ／④延期する：postpone ／⑥謝罪する：apologize、誠実に：sincerely ／⑦問い合わせ：inquiry、お気軽に、ご遠慮なく：don't hesitate to... ／⑧終わらせる：complete、期日：due date ／⑨平静な：calm、ひどく、極めて：extremely ／⑩見た目は：in appearance、〜の点から：in terms of...

76

① You have to take another look at what you did before criticizing me.

② As we get older, it gets harder to learn to use new technology.

③ This programming software is easy once you learn the basic codes.

④ We're going to have to postpone the event if it rains heavily tomorrow.

⑤ Would it be acceptable if I came again and discussed this with you tomorrow?

⑥ David would have to apologize sincerely to his client if he really said that.

⑦ Should there be any further inquiries, please don't hesitate to contact us.

⑧ We would not have completed the task by the due date if it had not been for your help.

⑨ Although he looked quite calm, he was actually extremely nervous before the presentation.

⑩ As much as they resemble each other in appearance, the products are totally different in terms of functions.

解説　①接続詞の before ／②as は接続詞で、「〜にするにつれて」の意味／③once は「一度〜すると」の意味で接続詞／④未来の条件を表す副詞節の中は現在形／⑤仮定法過去を用いた表現で、丁寧な確認／⑥仮定法過去、婉曲的な言い方／⑦if が省略されて should と you が倒置された形／⑧if it had not been for（もし〜がなかったなら）／⑨Although は譲歩の表現／⑩as ... as は比較の表現だが、譲歩のニュアンスで使われる場合もある

185

SV ＋ 接続詞 ④

① 我々はとても忙しかったが、何とか期限に間に合わせることができた。

② 仕事をすべてオンラインでやろうとするのは不可能ではないが難しい。

③ どれだけ一生懸命にやってみても、スティーヴには交渉力という点では敵わない。

④ もし元気な感じだと思ったとしても、今日は休みを取りなさい。

⑤ 長時間使用した後でも、この機材は安全にお使いいただけますよ。

⑥ 興味を惹くものであれば、雑談にはどのようなトピックも有効です。

⑦ できる限り翻訳であなたを手伝いますよ。

⑧ 私が知る限り、水曜日が都合のいいミーティングの日取りです。

⑨ あなたの分析が役には立たないとまでは言わない。

⑩ 原因が何だったのかが判明次第、すぐに折り返します。

ヒント ①期限に間に合わせる：make the deadline ／③一生懸命に：diligently、～に敵う・～と競い合う：compete with... ／⑤機材、装置：device ／⑥雑談する：make small talk ／⑦私ができる限り：as much as I can ／⑧私が知る限り：as far as I know ／⑨～とまで言う：go so far as to say... ／⑩～に折り返す：get back to...

77

① Although we are super busy, **we were able to make the deadline anyway.**

② It will be difficult though (it is) not impossible to do all our work online.

③ As diligently as I try, I cannot compete with Steve in terms of negotiation skill.

④ You must take a day off today even if you think you feel fine.

⑤ **This device is safe to operate** even after many hours of use.

⑥ To make small talk, almost any topic will do, as long as it's interesting.

⑦ **I'll help you with the translation** as much as I can.

⑧ As far as I know, **Wednesday is a good day for our meeting.**

⑨ **I wouldn't go** so far as to say your analysis is useless.

⑩ **We'll get back to you** as soon as we've figured out what the cause was.

解説　①譲歩の表現／②接続詞 though の後ろが主節の主語と be 動詞の場合（it is）は省略可／③ as ... as は比較の表現だが、譲歩のニュアンスで使われる場合もある／⑤ even if... で譲歩を表す／⑥ as long as...（〜である限り）は接続詞的に用いられる／⑦ as much as...（〜できる限り）／⑧ as far as I know...（私が知る限り〜）／⑨ go so far as to say...（〜とまで言う）／⑩ as soon as ...（〜するとすぐに）

187

SV ＋ 接続詞 ⑤

① 消費者は買いたかったものを手に入れるやいなやもう欲しくなくなるものだ。

② 彼が言ったことは本当に正しかったのだろうかと私は思っている。

③ 来週、健が研修合宿に来るかどうか、誰か知っていますか。

④ 新任の課長が英語のネイティヴか、ノンネイティヴかは大した問題ではありません。

⑤ オブザーバーの人がセッションに参加するかどうかはまだわからない。

⑥ 火曜日にあなたがリモート会議に参加できるかどうか教えてください。

⑦ 基本的に、すべてあなたが上司の言うことに反対できる勇気を持てるかどうかにかかっている。

⑧ もし緊急ではないと思うのであれば、月曜日までお待ちいただけますか。

⑨ タクシーに乗りましょうか、どうしても歩きたければ別ですけど。

⑩ 暗号化しなければ、そのファイルを送ってはなりません。

ヒント ①消費者：consumer ／②〜と思っているのですがどうでしょうか：I was wondering if... ／③研修合宿：training camp ／④〜は大した問題ではない：It doesn't matter much...、新任の：incoming ／⑥リモート会議：web conference ／⑦〜次第だ：depend on... ／⑧緊急の：urgent ／⑩暗号化する：encrypt

① **Consumers no longer want what they desired to purchase** as soon as they obtain it.

② **I was wondering** if what he said was true.

③ **Who knows** if Ken will come to the training camp next week?

④ **It doesn't matter much** whether the incoming manager is a native or non-native English speaker.

⑤ **Whether any observers will be attending the session is still unknown.**

⑥ **Please tell us** whether or not you can attend the web conference on Tuesday.

⑦ **Basically, it all depends on** whether you have the courage to disagree with what your boss says.

⑧ **Could you wait until Monday,** unless you think it's very urgent?

⑨ **We can take a taxi,** unless you'd prefer to walk.

⑩ **You can't send the file,** unless you get it encrypted.

解説　①as soon as ...（〜するとすぐに）／②③ if 以下は名詞節で、動詞の目的語となる／④ whether 以下は仮主語 it の内容を示す／⑥ whether のカタマリが主節動詞 know の目的語の役割／⑦ whether 以下は depend on の前置詞の目的語／⑧⑨⑩唯一の除外条件を表す unless（もし〜でなければ、〜なら話は別だが、〜でない限りは）

189

覚醒編

SV ＋ 接続詞 ⑥

① 本当にわからないのであれば仕方がないが、そうでなければ私に説明を求めないでください。

② あなたがミーティング後の懇親会に来ないと彼女はとてもがっかりするだろう。

③ もしヘリコプターがなかったとしたら、そのよう状況では彼らは人命救助ができない。

④ もしも私が遅れた場合は、ためらわずにセッションを始めてください。

⑤ あなたが正しいのだとしたら、より良い結果を期待できる。

⑥ 今や職場から2、3ブロックしか離れていない場所に私は住んでいるのだから、歩いて通える。

⑦ 渋々ではあったが、同意したのは、万が一にも契約が失われないようにするためだ。

⑧ 面接中良い成果を見せた受講生もいたが、そうでない人もいた。

⑨ 私は子育てのために会社を辞職したが、一方、兄の方はスタートアップ企業の社長になった。

⑩ アレクサンダーは部下にとって少し厚かまし過ぎるが、他方それは面倒見がいいということでもある。

ヒント
②がっかりする：be disappointed、懇親会：reception ／③ヘリコプター：helicopter ／④〜するのをためらう：hesitate to... ／⑤〜だとすると：assuming that... ／⑥今や〜なので：now that... ／⑦〜するといけないから：for fear that... ／⑧受講生：trainee ／⑩厚かましい：impertinent、面倒見がいい：caring

(1) Don't ask me to explain unless you really don't understand.

(2) She'll be very disappointed if you don't come to the reception after the meeting.

(3) They can't rescue people in that kind of situation unless they have a helicopter.

(4) Please don't hesitate to start the session in case I'm late.

(5) Assuming that you're right, we can hope for a better conclusion.

(6) Now that I live a couple of blocks from my workplace, I can commute on foot.

(7) I was reluctant, but gave my consent for fear that we'd lose the contract.

(8) Some of the trainees did very well in the interview, whereas others did poorly.

(9) I resigned from my job to take care of my children; meanwhile, my elder brother became president of a start-up.

(10) Alexander is a bit too impertinent to his subordinates, but on the other hand he is caring.

解説 ①唯一の除外条件を表す unless ／②のような場合は唯一の除外条件とはならず unless に必ずしも置き換えられるわけではない／③ can't と unless で二重否定／④ in case... （〜の場合は）／⑤分詞構文の定型表現で、「〜という前提で」の意味／⑥ now that... は「今や〜なので」という意味／⑦ for fear that... （〜ということを恐れて）／⑧対比を表す whereas ／⑨ meanwhile は while の強調表現／⑩ on the other hand... （他方では〜）

191

\\ 本書のご意見・ご感想をお聞かせください！//

本書をお買い上げいただき、誠にありがとうございます。
今後の出版の参考にさせていただきたいので、ぜひ、ご意見・ご感想をお聞かせください。（PCまたはスマホで下記のアンケートフォームよりお願いいたします）

アンケートにお答えいただいた方の中から抽選で毎月10名の方に、コスモピア・オンラインショップ（https://www.cosmopier.net/）でお使いいただける500円のクーポンを差し上げます。当選メールをもって発表にかえさせていただきます。

アンケートフォーム
https://forms.gle/seCrTDF1APJuWWMA6

【著者紹介】

佐藤洋一　Yoichi Sato

東京大学大学院総合文化研究科言語情報科学専攻博士課程修了。博士(学術)。東洋大学経営学部准教授、東京大学教養学部非常勤講師、一般社団法人学術英語学会代表理事。著書に『英語は20の動詞で伝わる』(かんき出版)、『仕事で使える英文法』(コスモピア 、共著)など多数。

スティーブン・スモーリー　Steven W. Smoley

カナダ出身。金融機関での勤務を経て、来日。コスモピア教育事業開発部グローバルビジネスコンサルタント。佐藤氏との共著『仕事で使える英文法』に基づいた動画講義（ビジネスブレイクスルー大学PEGL）にも講師出演。日本国内の多数の企業で企業研修に携わり、大学での講演経験も多数。

仕事で使える英語音読

2021 年 12 月 20 日　第 1 版第 1 刷発行

著者：佐藤洋一、スティーブン・スモーリー

装丁：松本田鶴子
写真：iStock（©iStock.com/mkos83）
校正：高橋清貴
執筆協力：阿野晴生（日本航空高校 講師）

発行人：坂本由子
発行所：コスモピア株式会社
　　　　〒 151-0053　東京都渋谷区代々木 4-36-4　MC ビル 2F
営業部：TEL: 03-5302-8378 email: mas@cosmopier.com
編集部：TEL: 03-5302-8379 email: editorial@cosmopier.com

https://www.cosmopier.com/　［コスモピア・全般］
https://www.e-st.cosmopier.com/　［コスモピアeステーション］
https://www.kids-ebc.com/　［子ども英語ブッククラブ］

印刷製本：シナノ印刷株式会社
音声編集：株式会社メディアスタイリスト

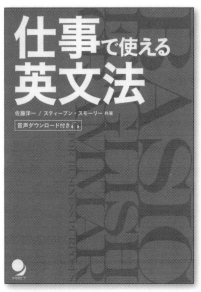

コスモピア e ステーション

コスモピアが提供する英語学習のための
オンライン電子図書館

https://e-st.cosmopier.com

PC
スマホ
タブレット
対応

英語多読の森 ## 読み放題コース 毎月 880 円（税込）

英語の読書体力を鍛えよう！

約 **1700** タイトル* の
英語学習用リーダーが読み放題！

＊収録タイトル数は、2021 年 9 月時点のものです。

SDGs や STEAM 学習に対応したコンテンツも多数！

特徴

● レベル別に選べるリーダーが読み放題
● 読んだ語数は自動でカウント
● 音声つき。聞き読みも OK
　（速度調節機能あり）
● 音声を使ったシャドーイング練習
　（録音機能つき）
● 理解度クイズつき
● どんどん増えるコンテンツ

古い空き缶や車はどうやって
リサイクルされるの？

熱帯雨林を守ろう

環境に優しい生活を送
るための 10 個の方法

必要な人に救いの手を
- 人道支援のいろいろ
な形

人と環境に優しい
農業の形

ひとつの素材でこれだけトレーニングできる！

リーディング	読速チェック	リーディングクイズ	聞き読み	リスニング *スピード調節機能	シャドーイング *録音機能	サマライズ *ライティング＋模範例

英語多聴ライブラリ 聞き放題コース 毎月 550 円（税込）

さまざまなジャンルの英語音声
約3000* コンテンツが聞き放題！

「英語聞き放題」コースの学習の中心は「シャドーイング」です。ニュースや映画スターのインタビュー、会話のスキット、TOEIC 用教材などさまざまなジャンルの音声を教材に、自分で声を出すトレーニングを行うことで、リスニング力、スピーキング力向上につながります。

特徴

- レッスンの中心はシャドーイング
  （リスニング＆スピーキング力アップに効果あり）
- 厳選されたオリジナル教材多数
- 聞いた語数は自動でカウント
- 自分のシャドーイング音声を録音できる
- どんどん増えるコンテンツ
  （最新ニュースや動画付き学習素材、『多聴多読マガジン』のコンテンツなど）

検索画面イメージ。リアルタイムのニュースを英語で読むことができます。

トレーニング画面のイメージ。各コンテンツには、スクリプト、語注、訳がついています。

シャドーイング画面では、スクリプトは表示されません。モデル音声だけを頼りに、まねをしてみましょう。

ひとつの素材でこれだけトレーニングできる！

リスニング	意味チェック	聞き読み	パラレル・リーディング	シャドーイング
*動画付きコンテンツもあり	*スクリプト、語注、訳	*内容を理解しながら黙読	*テキストを見ながら声に出す	*音声の後について声に出す

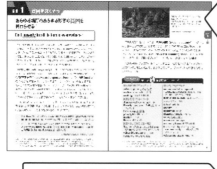
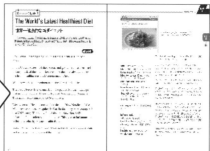